Michael Mary

Wie Lebensträume wahr werden

Finde, was dich glücklich macht –
egal, was die anderen dazu sagen

Kreuz

Inhalt

Einleitung

Fast jeder, ja wahrscheinlich sogar jeder Mensch ist permanent damit beschäftigt, etwas zu erreichen.

Wir entwerfen Vorstellungen, entwickeln Absichten, schmieden Pläne, verfolgen Ziele – und dann gebrauchen wir unsere Kraft bei dem Versuch, diese Zukunft zu verwirklichen. Es ist wahrscheinlich die Sehnsucht nach einem glücklichen und erfüllten Leben, die – bewußt oder unbewußt – uns alle bewegt und vorwärtstreibt.

Doch wie können wir solch ein großes Ziel erreichen? Wie können wir ein Optimum an Glück, Zufriedenheit und Lebensqualität erleben?

Was sollen wir tun, und was sollen wir lassen, auf welche Dinge zugehen, und welchen sollen wir aus dem Wege gehen? Wie sollen wir uns entscheiden bei dem Versuch, das *Richtige* zu tun und die *Richtung* zu finden?

Denn was immer wir anstreben und wozu wir uns schließlich entscheiden – all diese Ziele können Glück oder Unglück bedeuten und mögen entweder Erfülltsein oder Entleertsein mit sich bringen.

Das Leben bietet eine schier unendliche Fülle an Möglichkeiten. Wir können reich oder berühmt werden, zum Mond fliegen oder den Nobelpreis gewinnen, ein Auto besitzen oder sogar Dutzende, in Familien leben oder im Kloster, Staatspräsident werden, Forscher oder Bauer, auf eine einsame Insel auswandern oder in Städten wohnen und … und … und … tausend andere Möglichkeiten mehr.

Was wird am Ziel auf uns warten? Werden wir dort tatsächlich auch … glücklicher sein? Werden die Jahre oder manchmal sogar Jahrzehnte der Anstrengung sich auszahlen? Oder werden wir enttäuscht sein von Träumen, die viel versprachen und möglicherweise wenig hielten?

**Was werden wir an seinem Ende
über dieses Leben sagen können?**
»Es war großartig«
oder
»Es war ein großes Mißverständnis«?

Meiner Erfahrung nach suchen Menschen in zwei verschiedenen Lebensbereichen nach Glück und Erfüllung.

Der eine Bereich ist die Welt der Symbole, die sich im gesellschaftlichen Mythos sammeln. Die Botschaft des gesellschaftlichen Mythos lautet: *»Um ein erfülltes Leben zu führen, mußt du etwas … haben.«*

Haben bedeutet ein Versprechen, eine Verheißung, einen Traum, den viele Menschen träumen. Der gesellschaftliche Mythos ist ein mächtiger Traum, der von außen auf den Mensch zukommt.

Den zweiten Lebensbereich stellt der individuelle Mythos des Menschen dar. Seine Botschaft lautet: *»Um ein erfülltes Leben zu führen, muß ich … sein.«*

Sein bedeutet eine Sehnsucht, ein Verlangen, ein Begehren des einzelnen Menschen, seine Suche nach einem ganz bestimmten Lebenszustand, nach einer ganz bestimmten Lebensqualität. Der individuelle Mythos ist ein mächtiger Traum, der von innen auf den Menschen einwirkt.

**Individueller und gesellschaftlicher Mythos,
also die Spannung
zwischen äußeren und inneren Träumen,
verstricken uns in ein Gewebe aus Sehnsüchten,
Hoffnungen, Zielen und Handlungen,
in dem sich unser Leben
und dessen Qualität entscheiden wird.**

Lebensqualität ist das bestimmende Thema der letzten fünfzehn Jahre meines Lebens. So geht es auch in diesem Buch um die Frage, wie ein Mensch Lebensqualität verwirklichen und woran er sich dabei orientieren kann. Es ist ein praktisches Buch, das aus der Arbeit mit Menschen entstanden ist, und das zeigt, daß die gesuchte Orientierung in uns selbst zu finden ist – in der Schatzkammer des individuellen Mythos und durch die Entdeckung der wahren Bedeutung unserer Träume.

Die Welt der Symbole –
die äußere Welt

Wir werden in eine Welt geboren, in der die Menschen um uns herum von früh bis spät, von morgens bis abends damit befaßt sind, etwas zu schaffen, etwas zu besitzen oder etwas zu werden.

Jeder bewegt sich auf ein Ziel zu und setzt eine ungeheure Menge an Kraft und Energie dafür ein, sein Ziel zu erreichen. Was immer wir anstreben – wir wollen es haben.

Die Gesellschaft hat einen Mythos, und der heißt *haben.* Wir alle teilen diese kollektive Überzeugung vom Wert der Dinge. Wir sind uns einig darüber, worauf es im Leben ankommt. Wir teilen einen Traum miteinander, eine gemeinsame Vorstellung, und wir glauben fast bedingungslos an diesen Mythos des Habens.

Warum tun wir das? Nur aus einem einzigen Grund – weil es alle tun!

Weil alle Menschen um uns herum diesen Traum träumen. Weil dieser Traum unserem Leben einen Sinn zu verleihen scheint. Ja, wir sind geradezu hypnotisiert vom *Haben,* und diese Faszination besteht unabhängig davon, ob es sich bei den Objekten unserer Begierden um materielle oder immaterielle Güter handelt.

Reichtum

»Er ist knapp achtzehn Jahre alt und hat schon seine erste Million gemacht.« Ein solch erfolgreicher und dazu noch junger Mann erfährt allgemein höchste Bewunderung, denn er hat es schon geschafft. Es? Das allgemeine Ziel!

Der Glaube ans Haben geht weit. Wir ermöglichen es Zwanzigjährigen, Dutzende oder gar Hunderte von Millionen zu verdienen, ganz einfach und allein deshalb, weil sie gut Tennis spielen oder gut singen können. Oder weil sie nach fünfzig Runden mit einem Rennwagen eine halbe Sekunde schneller sind als andere.

Woher die Eile? Weil es für uns alle darum geht, schnell ans Ziel zu kommen – als erster!

Wenn Menschen hemmungslos Besitz oder Reichtum horten, halten wir sie nicht für süchtig, sondern glauben, sie hätten etwas Sinnvolles geschaffen. Wir fragen nicht, wozu es gut sein könnte, beispielsweise sieben Milliarden Mark Vermögen (wie jeder der Aldi-Brüder) oder zwanzig Milliarden Dollar (wie der Softwareentwickler Bill Gates) zu besitzen.

Wir fragen vielmehr, wie die Leute das gemacht haben und wie wir uns zumindest ein kleines Stück vom großen Kuchen abschneiden können.

Es gibt Menschen, die besitzen zweitausend oder sogar zwanzigtausend Häuser. Weil sie darin nicht wohnen können, bleibt ihnen nichts anderes übrig, als sie zu *haben*. Sie können sie verkaufen, abreißen oder anstreichen, vermieten oder leerstehen lassen. Trotzdem schütteln wir nicht den Kopf vor Verwunderung, sondern sind voll der Bewunderung. Wir hätten auch gern »ein paar« davon.

Ja, auch wir glauben an den Traum des Reichtums. Sogar, wer bewußt nichts von der Jagd nach dem großen Geld hält, würde gegen einen sogenannten »kleinen Lottogewinn« nichts einzuwenden haben. – Oder?

Sammeln

Auch wer sammelt *hat*. Etwa eine komplette Ausgabe der Telefonkarten von 1990 oder die gesamte Kollektion der Swatch-Uhren oder wenigstens eine vollständige Reihe aller

Schokoladen-Überraschungseier, oder die größte Bierdeckelsammlung der Welt.

Wie wäre es mit der vollständigsten Sammlung zeitgenössischer Kunst oder dem weltweit größten Diamanten oder dem einzigen Exemplar eines kleinen Stücks bedruckten Papiers, das wir Briefmarke nennen? Ja sogar die weltgrößte Sammlung handgeschnitzter Knochenschiffmodelle (!) scheint es wert zu sein, sie zu *haben*.

Ruhm

Haben muß sich aber nicht allein auf materielle Dinge beziehen. Es kann sich auch um ideelle Dinge handeln.

Wie wäre es, der erste Mensch zu sein, der in Folge einhundertachtunddreißig Tennistuniere gewonnen hat? Oder der einzige Sänger, dem es gelang, fünf Millionen Platten innerhalb von drei Monaten zu verkaufen? Oder wie wäre es, als jüngster Teilnehmer aller Zeiten in die Geschichte der Olympischen Spiele einzugehen? Oder der einzige Mensch zu sein, der jemals an einem Montag den Rekord im Dauerhüpfen aufstellte?

Wir kaufen Bücher, in denen eine endlose Reihe solcher und anderer Rekorde aufgelistet ist. Nicht wenige Menschen tun vieles, um darin aufgeführt zu werden. Sie sitzen sechzig Stunden lang auf einer vier Meter hohen Stange, tanzen sechs Tage und Nächte lang ohne Unterbrechung oder stehen achtzehn Stunden lang auf einem Bein. Vielleicht sollte man versuchen, den Weltrekord im Essen hartgekochter Eier einzustellen oder das längste Haar der Welt auf seinem Kopf wachsen zu lassen!

Wir kaufen diese Bücher und schenken sie unseren Kindern. Wir fordern sie damit auf, teilzunehmen an dem Versuch, aus der Masse herauszuragen und auf diese Weise »unsterblich« zu werden.

Macht

Wer weder an Reichtum noch an Ruhm Gefallen findet, dem bietet der gesellschaftliche Mythos Macht an. Macht kann über Menschen, über einen riesigen Staatsetat und sogar über Krieg und Frieden entscheiden. Macht kann bestimmen, ob Atombombenversuche durchgeführt werden, oder in welches Land die Armee einmarschiert. Macht entscheidet über Leben und Tod.

Wer Macht hat, geht in die Geschichte ein. Noch in vielen hundert Jahren werden die Menschen ihm huldigen.

Politik und Wirtschaft sind bewährte Wege zu Macht und Bedeutung. Es erfordert die gesamte Lebenskraft eines Menschen, an den Ritualen teilzunehmen, die Einlaß in den Club der Mächtigen gewähren.

Titel

Ansehen und Vorteile bringt es auch, einen Titel zu *haben*. Etwa ein Diplom, einen Doktor, einen Professor, den des Vorsitzenden eines Ausschusses oder andere Titel, die wir auf Visitenkarten drucken können.

Wie wäre es mit einem Grafen-, Fürsten- oder gar Königstitel? Konsul Weyer verdiente sechzig Millionen mit dem Handel solcher Titel.

Ein nicht geringer Teil der Studenten ist vorwiegend am Erwerb von Titeln interessiert, denn diese gewähren Zugang zu gesellschaftlichen Kreisen oder erlauben es, bestimmte Tätigkeiten auszuüben. Damit öffnen sich wiederum die Türen zu den anderen Formen des Habens, etwa zu Ruhm oder Reichtum.

Familie

Die Vorstellung des *Habens* bleibt nicht bei Geld, Ruhm und Titeln stehen. Sie geht auch in soziale Bereiche hinein.

Die Gesellschaft meint ja, der Mensch sollte eine Familie haben. So sprechen wir davon, eine Familie zu gründen (so wie eine Firma), oder davon, Kinder zu *haben*, und weniger davon, Vater oder Mutter zu *sein*.

Auch einen Partner wollen wir *haben*, einen Mann oder eine Frau! (Um ehrlich zu sein – eine schöne Frau wäre noch besser, ebenso ein reicher Mann.)

So heiraten wir den Erstbesten oder die Erstbeste, die zu haben sind, gründen Familien und hoffen, damit schon am Ziel zu sein. Erst im Lauf der Zeit bemerken wir, daß es nicht genügt, einen Partner zu *haben*, sondern daß es vielmehr darauf ankommt, Partner zu *sein*.

Jugend

Selbst sehr vergängliche Dinge kann man *haben* wollen. Zum Mythos der Gesellschaft gehört auch der Glaube an Schönheit und Jugend. Viele Menschen quälen sich beträchtlich bei dem Versuch, diese Dinge zu erhalten.

Sie kämpfen gegen ihre Freßlust, um schlank zu bleiben, und versuchen durch Fitneß und joggen, dem Alter davonzulaufen. Eine gute Figur, ein schönes Gesicht, tolles Haar, glatte Haut, den zu jedem Anlaß passenden Geruch, eine positive Ausstrahlung ... wir wollen all das *haben*.

Gott

Schließlich und endlich träumen die Menschen sogar davon, einen gemeinsamen Gott zu *haben*, und sind trotzdem mitunter wenig daran interessiert, wirklich religiös zu sein.

Wenn wir schon einen Gott haben, dann den einzigen! Alle sollten ihn haben! Fundamentalisten aller Religionen haben durch alle Zeiten hinweg Kriege geführt und Morde begangen, weil andere es wagten, nicht an den einen und wahren Gott zu glauben.

In der Tat – die Menschen träumen gemeinsam und erschaffen so den gesellschaftlichen Mythos. Er drückt aus, was wir als Gemeinschaft suchen, was wir anerkennen, woran wir glauben und was wir für wertvoll und erstrebenswert halten.

Und immer geht es dabei um Dinge, Titel oder Rollen. Immer geht es um etwas, das man vorzeigen kann. Immer geht es um äußere Symbole.

Wir scheinen zutiefst davon überzeugt zu sein, daß Glück automatisch eintritt, wenn man eines der Ziele des gesellschaftlichen Mythos erreicht hat. Deshalb üben diese uns ständig umgebenden Symbole eine geradezu unwiderstehliche Faszination aus.

So ist der gesellschaftliche Mythos außerordentlich mächtig, und wir werden täglich tausendfach mit ihm konfrontiert. In Filmen, Büchern, Zeitungen, in Gesprächen und in den meisten unserer Handlungen wird deutlich, welche große Macht in ihm liegt.

Wir können ihm nicht entkommen, und wir können ihn nicht ignorieren; und bevor wir erwachsen sind, haben wir den gesellschaftlichen Mythos vollkommen verinnerlicht. Wir sind in der einen oder anderen Form seine Jünger geworden.

So sind es aus der Perspektive des Individuums also »die anderen«, die uns durch den gesellschaftlichen Mythos sagen, worauf es im Leben ankommt.

Ihre Botschaften lauten: »*Sieh zu, daß du etwas erreichst! Schaffe etwas! Kauf dir ein großes Haus! Mach Karriere! Sei besser als andere! Ergreife einen anerkannten Beruf! Finde einen Mann! Erwirb einen Titel! Lege dir Besitz zu! Sei schöner als andere! Gewinne Macht! Gründe eine Familie! Baue ein Haus! Tu etwas! Werde etwas!«*

Warum ist dieser kollektive Traum so machtvoll? Warum folgen wir ihm? Weil er ein Versprechen beinhaltet, wie es größer nicht sein könnte. Das Versprechen: *»Wenn du ... erreicht hast, dann wirst du ... glücklich sein! Dann bist du am Ziel deines Lebens angekommen. Dann hast du alles erreicht!«*

Dieses Versprechen kann so stark wirken, daß der Versuch, ein solches Symbol zu erreichen, ein ganzes Leben bestimmen und beinah seinen einzigen Sinn darstellen kann.

Wir glauben dem Versprechen und strengen uns an. Wir überlegen nicht lange, sondern laufen los, dem Glück und seinen Symbolen hinterher.

Ja, wir sind schon lange Gläubige des gesellschaftlichen Mythos geworden.

Lebensqualität – die innere Welt

Die Gesellschaft träumt vom Haben. Wovon träumt das Individuum? Befragt man einzelne Menschen danach, worauf es im Leben ankomme, sprechen sie von »zufrieden sein«, »geborgen sein«, »sicher sein«, »glücklich sein«, »gesund sein«, »geliebt sein« oder ähnlichen Erfahrungen.

Auffallend ist, daß es sich hierbei nicht um greifbare Symbole handelt. Diese Begriffe beschreiben vielmehr bestimmte Zustände. Um es genau auszudrücken: Sie beschreiben *Daseinszustände*.

Kaum jemand meint ernsthaft, es gehe im Leben um Häuser, einen Wagenpark, Reichtum, Rekorde oder Titel. Wir wollen vielmehr etwas ganz Bestimmtes ... *sein*.

**Im Unterschied zur Gemeinschaft
träumt das Individuum nicht vom Haben,
sondern vom Sein.**

Diesen Traum, diese Sehnsucht nach einem bestimmten Daseinszustand bezeichnen wir als den individuellen Mythos eines Menschen.

Der individuelle Mythos glaubt: »*Wenn ich den Zustand ... erreicht habe, dann werde ich glücklich sein.*« Damit träumt er von einem bestimmten Lebensgefühl, einem durchgehenden Lebensempfinden oder einer besonderen Lebensqualität, von einer ganz bestimmten Art und Weise, *dazusein*, eben von einer Daseinsweise.

Wenn wir von etwas träumen, bedeutet dies zugleich, über das Geträumte nicht zu verfügen. Wenn ich einen Kaffee in der Hand halte, ist es nicht möglich, davon zu träumen. Und wer sich an den Strand legt und von der Sonne bescheinen läßt, dessen Traum davon löst sich auf. Gleiches gilt für den individuellen Mythos.

19

**Von bestimmten Daseinszuständen zu träumen
bedeutet, keinen oder nur ungenügenden Zugang
zu ihnen zu haben.**

Wessen individueller Mythos beispielsweise »sicher sein«
lautet, dessen Lebensgefühl wird in großem Maße von Unsicherheit geprägt sein, unter der er leidet. Wessen Leben
von Hektik und Streß geplagt wird, der wird sich nach dem
Zustand des Entspanntseins sehnen, weil er diesen vermißt.
Und wer sich tief innen minderwertig fühlt, träumt von
Selbstbewußtsein.

Also suchen Menschen durch ihre individuellen Mythen
das, was sie aufgrund der Umstände ihres Lebens wenig
kennen – und wovon sie mehr brauchen, um sich vollständig und erfüllt zu fühlen.

Im individuellen Mythos sammeln sich alle Vorstellungen, Träume und Sehnsüchte, die ein Mensch erfüllen
muß, wenn er Glück und Erfüllung finden will.

**Der individuelle Mythos
ist der individuelle Traum vom Glück.
Allerdings ist er ein verborgener Traum.**

Der verborgene individuelle Mythos

Fragen Sie einen Menschen nach seinem Lebenstraum,
und Sie werden feststellen, daß kaum jemand seinen individuellen Mythos kennt oder weiß, worum es in seinem Leben auf einer tieferen Ebene geht.

Unser Blick ist nach außen gerichtet. Wir stehen wie Kinder mit leuchtenden Augen vor Symbolen und sind von
ihrem Glanz gebannt. So sind wir uns über die immense Bedeutung des individuellen Mythos selten im klaren, wir
übersehen ihn, denn er kommt von innen.

Ein weiterer Grund dafür, warum wir ihn nicht kennen,

besteht darin, daß er sich geradezu absichtlich vor unserem Blick verbirgt und sich ein Versteck im Unbewußten sucht. Denn wir haben gewisse Probleme mit unseren Sehnsüchten. Wir haben Probleme damit, zuzugeben: *»Ja, mir fehlt etwas sehr Wichtiges. Ich sehne mich nach etwas, beispielsweise nach Glück, Ruhe, Sicherheit, Lebendigkeit, Wahrhaftigkeit, Entspannung, Abenteuer ...«*

Stellen wir uns einen Mann vor, der von einem superschnellen Auto mit zweihundert Pferdestärken träumt. Soll dieser Mann zugeben, ein geringes Selbstwertgefühl zu haben? Soll er zugeben, in einem inneren Zustand der Minderwertigkeit zu leben? Soll er auf die Frage: *»Warum kaufst du dir ein solches Auto?«* antworten: *»Weil ich einen Komplex habe, weil ich mich unvollständig fühle und danach sehne, beachtet zu werden, und weil ich meine innere Unsicherheit überdecken will«*?

Kaum jemand könnte so ehrlich sich selbst gegenüber sein. Und was wir vor uns selbst verbergen wollen, müssen wir auch vor anderen leugnen.

So etwas einzugestehen fällt in der Tat nicht leicht, denn Sehnsüchte erinnern uns daran, was wir nicht oder noch nicht haben und wo wir nicht oder noch nicht sind. Sie legen gewissermaßen den Finger auf eine innere Wunde und konfrontieren uns mit der Tatsache, unvollständig zu sein.

So bedeutet die Offenbarung des individuellen Mythos oftmals einen Gesichtsverlust. Wenn beispielsweise ein Kämpfer, der von allen Freunden für stark und selbstbewußt gehalten wird, seinen Mythos entdeckt und anschließend von seiner Sehnsucht nach Frieden und Hingabe spricht, wird diese Veränderung zumindest mit Verwunderung aufgenommen. Wahrscheinlich werden seine Freunde ihn für etwas verrückt halten.

Individuelle Mythen decken sich selten mit dem Bild, das wir selbst oder andere Menschen von uns haben. Sie verhalten sich also nicht konform zu unserer Identität oder richten sich sogar gegen sie. Das kommt daher, daß wir un-

sere Identität nicht selten aus dem beziehen, was wir vorzeigen können und besitzen, also zu einem großen Teil aus
dem gesellschaftlichen Mythos des Habens, aus der Anerkennung und Bestätigung *der anderen*. Der individuelle Mythos bezieht sich aber auf das Selbst.

Für die Identität, die sich aus der Übereinstimmung mit
allgemein anerkannten Werten ergibt, stellt der individuelle Mythos eine Provokation dar. Denn er ist es, durch den
sich jeder Mensch vom anderen unterscheidet. Er löst uns
aus Rollen und macht uns zum Individuum.

> **So fordert uns der individuelle Mythos**
> **durch seine Träume und Sehnsüchte**
> **permanent dazu auf, ein eigener Mensch zu sein,**
> **ein verwirklichtes Individuum,**
> **und darüber hinaus ein anderer Mensch zu werden,**
> **indem wir andere Daseinszustände anstreben.**

Dabei ist es unseren Träumen ganz egal, was wir von ihnen
halten. Wir können uns nicht aussuchen, wonach wir uns
sehnen. Wir können nicht entscheiden, einen Traum nicht
zu haben. Ebensowenig, wie wir wählen können, in wen wir
uns verlieben. Unsere Träume haben Macht über uns, denn
wir können sie nicht kontrollieren.

Der Traum des Individuums ist innerlich und unsichtbar
und entzieht sich unserem Zugriff. Auf den individuellen
Mythos, auf die Quelle unserer Sehnsüchte, können wir bewußt keinen Einfluß nehmen. Wir sind ihm gewissermaßen
ausgeliefert, denn er kommt aus dem Unbewußten und hat
Macht über uns.

> **Der Schlüssel zu unserem Glück**
> **könnte demnach lauten:**
> **Tue, was dein Unbewußtes will,**
> **und nicht bloß, was du (dein Bewußtes) willst!**

Die Geburt der Lebenspläne

Da laufen wir Menschen nun also durchs Leben, sind voller Träume und Sehnsüchte, voll von den Erwartungen des individuellen Mythos, auf der Suche nach einem besseren Sein, nach der Verwirklichung von Lebensqualität, nach dem, was uns im Inneren fehlt und wovon wir kaum mehr als eine vage Ahnung haben.

Und dort außen, unmittelbar vor unseren Augen, türmen sich die wunderbaren Symbole des Habens, des gesellschaftlichen Mythos auf, winken Verheißungen und warten Glücksversprechen darauf, erfüllt zu werden.

Was könnte in dieser Situation anderes geschehen, als daß sich innere Sehnsüchte quasi magnetisch an äußere Symbole heften?

Unsere unausgesprochene Frage lautet:
Wie kann ich die ersehnte Lebensqualität erreichen,
wie kann ich ... sein?
Und die Antwort kommt spontan:
Es ist ganz einfach – du mußt bloß (etwas) haben,
bloß (etwas) erreichen!

Nun ist der Mensch hypnotisiert, ist gebannt von einem Symbol und bleibt in der Folge an diesem hängen, denn es verspricht die fehlende Lebensqualität. Es verspricht Erfüllung. Es verspricht die Zukunft. Es verspricht das ersehnte Leben.

Das Symbol hat Eingang in den Menschen gefunden und ihn besetzt. Er träumt jetzt davon, es zu besitzen. Augenblicklich beginnt er, aus der ihm unerklärlichen Faszination, der ihn anziehenden Gegenstände Ziele und Lebenspläne zu schmieden: *Das will ich haben! Das will ich werden!*

Das will ich sein! Das nehme ich mir vor! Das ist mein Ziel! Das macht mich glücklich!

Im Laufe seines Lebens geschieht jedem diese magische Verknüpfung. So entstehen Lebensentwürfe, Pläne, Ziele und Wünsche. Von den Hintergründen, von den Quellen seiner Träume, vom individuellen Mythos weiß der Mensch jedoch wenig. Dafür haben seine Träume eine sichtbare, wenn auch verschlüsselte Form angenommen.

In seinen Lebensplänen weiß der Mensch zwar nicht, was er sein will, aber er weiß ganz genau, was er haben will.

Diese Verknüpfung von Symbol und Sehnsucht geschieht allem Anschein nach schon recht früh im Leben.

- *Ich wußte schon als Kind, daß ich einmal einen Porsche fahren würde.*
- *Ich habe immer schon davon geträumt, einmal ganz nach oben zu kommen.*
- *Schon seit meiner Kindheit träumte ich davon, dieses Land einmal zu verlassen.*
- *Ich habe die Jagd auf das Geld immer schon verachtet. Ich wußte, daß meine Aufgabe darin bestand, Menschen zu helfen.*
- *Für mich kam es nie in Frage, die Karriere für etwas anderes aufzugeben.*
- *Mir war immer klar, daß ich drei Kinder wollte.*
- *Ich wollte immer schon so einen Mann haben.*

Seit »damals« träumen wir von den ersehnten Zuständen. Das ist der tiefere Grund, warum wir haben wollen, was wir haben wollen.

Die Sehnsucht hinter den Symbolen ist stark. Sie verleiht ihnen Macht. Eine Macht, die sich beispielsweise die Werbung zunutze macht, denn Werbung folgt dem Mechanismus der Verknüpfung von äußerem Objekt und innerem Zustand. Werbung ist voller Versprechen: »*Trink Bier, und du gehörst dazu.*«- »*Trage Joop, und du bist bedeutend.*« Anscheinend ist es ganz einfach, unsere Sehnsüchte zu wecken und davon zu profitieren.

Halten wir uns einmal vor Augen, wozu Menschen bereit sind, um ihre Lebenspläne zu verwirklichen, dann können wir erkennen, mit welch ungeheurer Macht der individuelle Mythos sie zu den Symbolen drängt und sie dort festhält.

Viele arbeiten versessen und sparen jeden Pfennig, um sich ein tolles Fahrzeug kaufen zu können. Andere schuften bis zur Erschöpfung, um Karriere zu machen.

Manche Menschen entführen Kinder, weil sie selbst keine bekommen können. Männer kaufen sich Frauen aus armen Nationen und glauben, damit Glück zu kaufen. Bestechung, Betrug – all das soll uns in den Besitz von Symbolen bringen und damit einen Lebensplan erfüllen. Und wenn wir etwas nicht erreichen können, stehlen wir die begehrenswerten Dinge oder bringen gar jemanden dafür um.

Kommunikation mit dem Bewußtsein

Wenn der individuelle Mythos solch eine unvergleichliche Macht ausübt, dann muß seine Erfüllung zu den wichtigsten Dingen im Leben eines Menschen zählen.

Ich glaube, daß es tatsächlich so ist. Es gibt eine Instanz in unserem Inneren, nennen wir sie das Unbewußte, die weiß, was wir brauchen, und die uns in diese Richtung treibt. Und gegen diese Kraft kommen wir nicht an. Allerdings gibt es da ein Problem. Wie soll das Unbewußte dem bewußten Teil des Menschen, dem Ich, mitteilen, was es anstrebt? Wie vermittelt es seine Botschaft? Wie macht es klar, was wir auf einer tieferen Ebene brauchen? Wie beschreibt es Zustände wie glücklich sein, wie das Erlebnis sich-lebendig-fühlen oder die Erfahrung von erfüllt sein?

Wir suchen etwas, aber wir können uns selbst nur schwer vermitteln, was es ist. Uns fehlt eine direkte Möglichkeit zur Kommunikation, eine direkte Möglichkeit des Unbewußten, sich gegenüber dem Bewußtsein sprachlich auszudrücken. Es kann keine klaren Anweisungen geben. Das Unbewußte kann nicht sprechen, denn Sprache unterliegt der Kontrolle des Bewußtseins.

Wann immer Menschen eine Erfahrung nicht sprachlich beschreiben können, kommunizieren sie durch Bilder. Beispielsweise antworten wir auf die Frage: *»Wie geht es dir?«* mit dem Bild: *»Ich könnte Bäume ausreißen«* oder mit dem entgegengesetzten Bild: *»Ich möchte mich verkriechen.«* Solche Bilder werden verstanden.

Ein witziges Beispiel dieser Bildsprache kommt in dem mongolischen Film Urga vor. Da antwortet ein Mann auf die Frage seines Bruders: *»Hast du schon mal ein Kondom benutzt? Wie ist das?«* mit einer Metapher: *»Bist du schon mal mit Stiefeln geschwommen?«* Jeder versteht diese Bildersprache, sie erübrigt tausend Worte. Bilder und Metaphern transportieren komplexe Informationen und Zusammenhänge.

Der individuelle Mythos macht sich dies zunutze, indem er seine Botschaft durch Bilder mitteilt. Bilder sind seine einzige Möglichkeit, uns zu sagen, was wir suchen.

Aus welcher Quelle bezieht das Unbewußte seine Bilder? – Aus der Außenwelt, aus den Symbolen des gesellschaftlichen Mythos! Sie sind die einzigen Bilder, die wir kennen; und sie sagen mehr aus, als sie auszusagen scheinen.

Für das Unbewußte ist ein Auto mehr als ein Auto. Es zeigt bildhaft einen ganzen Erlebniszusammenhang. Eine Familie ist mehr als eine Ansammlung von Menschen. Sie ist ein Bild für Verbundenheit. Ein Titel ist mehr als ein Stück Papier. Er ist ein Bild für Achtung und Anerkennung.

Wir können alle Gegenstände, Titel und Ziele als Symbole für etwas anderes betrachten – als Symbole des individuellen Mythos.

Wer das Leben bestimmt

Dies alles zeigt, wie sehr wir darauf angewiesen sind, Symbole zu haben. Doch zugleich bedeutet es, daß unser Leben nicht – wie wir stets glauben – unter dem Diktat der Vernunft steht, sondern unter dem Diktat der Sehnsucht und damit der Gefühle.

Zwar glaubt der Mensch, ein rationales Wesen zu sein und sein Leben auf einer vernünftigen Grundlage zu gestalten, doch er irrt.

Was uns in weit größerem Ausmaß bestimmt, sind Sehnsüchte, die sich im individuellen Mythos sammeln. Der individuelle Mythos hat die ungeheure Kraft, den Verstand zu seinem Ausführungsorgan, zu einem Instrument zu machen, das nur eine einzige Aufgabe erfüllen soll: ihn auf seiner Suche zu unterstützen.

»Zuerst habe ich Jura studiert, dann Sozialarbeit, und schließlich bin ich in die Obdachlosenhilfe gegangen. Im Laufe der Jahre habe ich mich aber in dieser Arbeit aufgerieben. Ich war getrieben von etwas. Hinter all dem hat meine Sehnsucht nach Vertrauen in das Leben gesteckt. Doch unbewußt habe ich geglaubt, ich könne erst vertrauen, wenn die Welt gerecht ist und wenn es keine Armut mehr gibt. Dafür habe ich gekämpft, das ist mir jetzt klar. Ich weiß nicht, wie ich das nach all den Jahren finden soll, ob es vertane Zeit war oder ob es notwendig war. Auf jeden Fall fällt eine große Last von mir, denn jetzt weiß ich, worum es bei alledem geht.«

»Vertrauen in das Leben«, lautete die Sehnsucht dieses Mannes. Sein Traum wählte die Symbole »Jurist«, »Sozialarbeiter« und »Helfer« aus. Der Auftrag seines individuellen Mythos lautete: *»Mach die Welt gerecht, hilf den Schwachen, beseitige das Unrecht, erst dann kannst du dem Leben vertrauen.«*

Berufswahl ist ein ausgezeichnetes Beispiel für das Wirken des individuellen Mythos. Hinter jeder Berufswahl steckt eine Hoffnung, eine Erwartung. Warum sonst sind Sie zum Beispiel Arzt, Politiker, Anwalt, Erfinder, Beamter, Arbeiter … geworden?

Es ist das Unbewußte, das unsere Lebensziele auswählt, indem es uns Symbole vorgibt und die Kraft verleiht, sie anzustreben.

Es sagt uns auf seine verschlüsselte, bildhafte und träumerische Weise, was wir *sein* und wer wir *sein* sollen. Es kann uns jedoch leider nicht sagen, *wie* das geschehen soll. Es kann Träume entstehen lassen und muß uns dann mit ihnen uns selbst überlassen.

Der individuelle Mythos schickt uns träumend in die Welt und das Leben – und dort können wir finden oder verlorengehen.

Finden und Verlorengehen

Das bisher Beschriebene bedeutet kurz gesagt: Jedes unserer Ziele ist nichts weiter als ein Symbol.

In unseren Träumen geht es primär nicht um die Dinge, von denen wir träumen, sondern um das, was wir uns von ihnen versprechen, um das, was sich in Symbolen verbirgt. Die neue Stereoanlage, das Kleid, die neueste Frisur, die Karriere, das Auto, das Haus, der Traummann, die Traumfrau – all das sind Symbole, Bilder für Zustände, für Erlebnisse, für Daseinszustände.

An dieser Stelle mag die Frage auftauchen: Lohnt sich dann die ganze Mühe? Wenn es gar nicht um das Symbol geht, sind unsere Ziele es dann wert, sich für sie einzusetzen? Können wir in der äußeren Welt überhaupt finden, was unsere Innenwelt begehrt? Oder werden wir zwangsläufig enttäuscht sein, wenn wir ein Symbol verwirklicht haben?

Diese Frage ist von großer Bedeutung. Tatsächlich wäre es möglich, auf das Symbol zu verzichten und den gesuchten Zustand unmittelbar aufzusuchen, wenn – ja, wenn Innenwelt und Außenwelt getrennt voneinander existierten. Dann wäre es besser, die Verwirklichung innerer Zustände direkt und unmittelbar anzustreben und äußere Ziele außer acht zu lassen. Dann könnten wir nach innen gehen und dort glücklich werden.

Doch kann man satt sein, ohne Brot zu haben? Kann man verbunden sein, ohne einen Partner oder Freunde zu haben? Kann man sich im Gefängnis frei fühlen? Oder auf dem Sitz eines Rennwagens entspannen?

Innen und außen sind in Wirklichkeit untrennbar miteinander verknüpft. Das eine existiert nur in Beziehung zum anderen. Ohne ein äußeres gibt es auch kein inneres Erleben.

Jedes Erleben ist an äußere Umstände geknüpft und damit auch an Symbole. Deshalb bedeutet die Vordergründigkeit eines Symbols keinesfalls seine Entwertung.

Finden

Schließlich machen viele Menschen die Erfahrung, über ein Symbol tatsächlich auch den gesuchten Zustand zu erreichen. Dann macht das neue Auto in der Tat zufriedener. Im neuen Haus lebt es sich wirklich ruhiger. Die Weltreise war das erhoffte Abenteuer. Und mit dem neuen Partner funktioniert die Beziehung tatsächlich besser.

**In solchen Fällen haben sich Symbol
und gesuchter Zustand entsprochen,
und deshalb konnte das Symbol
sein Versprechen erfüllen.**

Aber wir alle kennen auch die entgegengesetzte Erfahrung. Man kann alles Mögliche *haben,* ohne etwas Entsprechendes zu *sein.* Man kann Millionen haben und doch unsicher sein. Man kann Ruhm haben und doch einsam sein. Man kann Familie haben und doch distanziert sein. Man kann Erfolg haben und doch unglücklich sein.

In diesen Fällen klafft zwischen Symbol und gesuchtem Zustand ein Abgrund, in den wir hineinfallen, wenn wir am Ziel ankommen. Wir nennen diesen Absturz Enttäuschung oder Frustration oder in besonders schweren Fällen Sinnlosigkeit.

Das Erreichen von Symbolen bringt den Menschen also keinesfalls automatisch der Erfüllung seines individuellen Mythos näher. Im Gegenteil – mitten im Erreichen der schönsten Symbole kann man verlorengehen.

Verlorengehen

Wer Erfolg auf der Ebene des gesellschaftlichen Mythos hat, wer also allgemein anerkannte Ziele erreicht, wird nicht automatisch auch froh.

Er wird nur eines ganz automatisch: ein Held der Gesellschaft. Er wird bewundert und verehrt. Zeitungen schreiben Artikel über ihn, und Film und Fernsehen wenden sich ihm zu. »Das muß ein glücklicher Mensch sein! Er hat es geschafft! Er ist ein Gewinner! Er zeigt uns, wie es geht! Er befindet sich auf der Überholspur!«

Solch ein Mensch hat den Traum der Gesellschaft erfüllt. Aber hat er auch seinen eigenen Traum erfüllt? Hat sein Leben die ersehnten und gesuchten Qualitäten gewonnen? Ist er nicht nur äußerlich, sondern auch innerlich reicher geworden? Hat er Erfolg in bezug auf seine Lebensqualität?

Manche erleben mitunter herbe Enttäuschungen, wenn sie nach großen Bemühungen am Ziel ihrer Träume ankommen und dort zwar das Symbol – den Gegenstand, den Titel, den Beruf, den Reichtum oder Luxus – vorfinden, aber nicht den erhofften Zustand, um den es auf einer tieferen, existentielleren Ebene geht.

Wenn ein Mensch zwar äußere Ziele erreicht, aber den erhofften inneren Zustand verfehlt, spreche ich davon, in Zielen verlorenzugehen.

In diesem Zusammenhang ist die Tatsache interessant, daß sich Stars des Film- und Kulturlebens etwa viermal häufiger das Leben nehmen als andere Menschen. So stark kann die Enttäuschung wirken, am Ziel zu sein und doch das Ziel verfehlt zu haben. Man muß nicht an Marylin Monroe erinnern, um zu ahnen, daß Ruhm und Geld sehr zweifelhaft sein können.

Es scheint, als ob die Helden des gesellschaftlichen Mythos, jene Menschen also, die in besonderem Maße an ihn

31

glauben, auch besonders oft und entsprechend heftig in ihm verlorengehen. Hier ist die Diskrepanz zwischen Außenwelt und Innenwelt besonders groß und dementsprechend auch die Gefahr, vom Symbol besessen zu sein.

Besessenheit

Manchmal üben Symbole eine geradezu zwanghafte Anziehungskraft aus, gleich, ob es sich um Güter oder Gegenstände, um Ideen oder Titel, um Geld oder um immaterielle Werte wie Ehe, Kinder oder Familie handelt.

Dann beherrscht uns das Symbol, und wir denken an nichts anderes und finden keine Ruhe, bis wir das Objekt der Begierde in den Händen halten. Wir fühlen uns regelrecht gezwungen; und tatsächlich stehen wir unter Zwang.

Wir glauben, nur glücklich sein zu können, wenn wir *jetzt gleich und sofort oder so schnell wie möglich* ans Ziel unserer Träume gelangen.

**Da wir vom Symbol besessen sind,
können wir es nicht in Frage stellen.
Dann fühlen wir uns getrieben,
das Symbol zu ergreifen.**

Im Zustand der Besessenheit handeln wir aus einer Art Panik. Deshalb ist die Chance groß, verlorenzugehen. Dieser Zustand ist gar nicht so selten anzutreffen.

Ich erinnere mich an eine Frau, die seit langer Zeit von einem Kind träumte. Allerdings wünschte sie sich dazu noch einen Mann, denn sie wollte nicht alleinerziehend sein. Da sie auf ihr vierzigstes Lebensjahr zuging, geriet sie unter Druck. Ihre Sehnsucht brachte sie schließlich dazu, mit einem Mann ein Kind zu zeugen, der ihren Traum nicht teilte. Als das Kind einige Monate alt war, wurden Frau und Kind verlassen.

Ein weiteres Beispiel für Besessensein ist ein Mann, der sich verliebte. Obwohl er die Frau erst eine Woche kannte, kaufte er einen Ring, in den er seinen und seiner Freundin Namen eingravieren ließ. Er war von der Idee »Partnerschaft« besessen und heiratete die Frau vom Fleck weg. Doch nach nur einem Jahr Ehe konnte er den Ring vom Finger streifen. Die Frau war für ihn hauptsächlich ein Symbol gewesen. Als er sie allmählich kennenlernte, ging die Beziehung auseinander.

Ein anderes alltägliches Beispiel für Besessenheit ist eine Frau, die unter einem Tennisarm litt und fünf Operationen über sich ergehen ließ, um wieder spielen zu können. Sie wollte Clubmeisterin werden und verhielt sich und fühlte so, als hinge ihr Leben davon ab.

Es liegt auf der Hand, daß wir in Situationen der Besessenheit Fehler machen.

– Wir nehmen wahllos einen Kredit auf.
– Wir machen den Kaufvertrag für ein viel zu teures Auto.
– Wir heiraten vom Fleck weg einen Partner, den wir erst kurze Zeit kennen.
– Wir glauben einem Wunderheiler.
– Oder wir setzen unser ganzes Vermögen auf eine Aktie.

Denken wir an die vielen tausend Familien, die unter dem Druck des Symbols »Eigenheim« blind wurden. Sie überschätzten ihre finanziellen Möglichkeiten und rechneten sich das Haus schön. Schließlich mußten sie ihr Haus der Bank übergeben, standen am Ende mit Schulden da und waren so »verlorengegangen«.

Oder denken wir an das Immobilienimperium des Herrn Sch., dessen Traum mit einer 5,8-Milliarden-DM-Pleite endete. Wer in seinen äußeren Zielen derart untergeht, hat noch zwei Möglichkeiten. Er begeht entweder Selbstmord oder er wendet sich seinen wahren Zielen zu und beginnt ein neues Leben.

Im Zustand der Besessenheit haben nicht wir Symbole, sondern die Symbole haben uns. Dies ist vor allem dann der Fall, wenn wir die Botschaften des individuellen Mythos nicht verstehen oder sie uns nicht interessieren, wenn wir nicht an den Quellen unserer Sehnsüchte interessiert sind.

**Je weniger wir das sein können, was wir suchen,
desto mehr wollen wir das haben,
was scheinbar Glück verspricht.**

In einer Talkshow wurde kürzlich ein erfolgreicher und ziemlich hektischer Geschäftsmann gefragt, was er denn mit seinem vielen Geld machen wolle. Er antwortete: »*Ich glaube, daß man sich im Leben vieles kaufen kann. Und letzten Endes will ich mir Muße kaufen.*«

Immerhin hatte der Mann ein gewisses Gespür für seinen individuellen Mythos – aber wie kann man Muße kaufen? In Kilogramm? Und wo? Im Kaufhaus?

Man kann Muße haben oder entwickeln. Ein Schäfer mag sie haben oder ein Fischer, ein Stadtstreicher oder auch ein Millionär. Aber kaufen kann man sie mit Sicherheit nicht, und die Vermutung liegt nahe, daß der Mann auf dem Weg war, seinen Mythos zu verfehlen.

Geld, Macht, Erfolg, aber auch Ehe, Familie oder ein bestimmter Beruf – diese und alle anderen Symbole bringen uns keinesfalls automatisch ans Ziel.

– *Wenn du Reichtum hast, wirst du sicher sein.*

Das ist ein Versprechen, dem wir fast alle glauben. Doch haben Sie schon einmal einen reichen Menschen getroffen, der sicher war? Viele Reiche leben in Angst. Vor der Inflation, vor der Steuer, vor dem Börsencrash, vor Einbrechern, vor Erpressern oder vor den Forderungen des Ehepartners, falls dieser sich scheiden läßt. Jedenfalls immer vor dem Verlust des Symbols Geld.

– *Wenn du Macht hast, wirst du geachtet werden.*

Doch alle Mächtigen befinden sich ständig im Kampf und werden angefeindet. Sie müssen ihre Macht behaupten, und wenn ihre Wachsamkeit einmal nachläßt, werden sie »abgeschossen«. Sie leben unter der Bedrohung, ihr Symbol Macht zu verlieren.

– *Wenn du Erfolg hast, wirst du etwas wert sein.*

Doch wenn der Tennisarm nicht mehr mitspielt, geht auch die Anerkennung verloren und zugleich damit der Selbstwert. Dann hast du »abgebaut« und wirst vergessen. Wer kennt nicht Künstler oder Sportler, die bloß in der Erinnerung an ihren Ruhm leben, weil ihr Selbstwert an Erfolg und Beifall gekettet war. Sie leben in einem Traum, der Vergangenheit heißt.

– *Wenn du eine Familie oder einen Partner hast, wirst du glücklich sein.*

Doch wie ernüchternd sind mitunter die Erfahrungen, die wir in Familien und Partnerschaften machen. Eine Ehe sollte die Liebe doch für immer bewahren. Und die Familie sollte doch ein inneres Zuhause sein.

– *Wenn du dich anpaßt und alles machst, was man von dir verlangt, wird dein Arbeitsplatz sicher sein. Die Firma wird deine Treue belohnen.*

Doch die Arbeitslosigkeit zerstört den Traum vom Versorgtsein und von der lebenslangen Sicherheit.

– *Wenn du erst mal Tänzerin bist, wird dein Stern aufgehen, und die Menschen werden dich lieben.*

Doch der Regisseur hält jemand anderen für besser, die große Karriere bleibt aus oder der Stern geht eines Tages unter und damit auch Glück und Zufriedenheit. Gerade denke ich in diesem Zusammenhang an einen jungen Inder, der seine wenigen Besitztümer verkaufte, um nach Deutschland zu kommen. Er heiratete, fand Arbeit und wurde schließlich Deutscher. Heute sitzt er in einer deutschen Großstadt in einer Zweizimmerwohnung und ist unglücklicher, als er es in Indien war. Er war einmal von den

Symbolen unserer Welt fasziniert und ging darin verloren. Es gehört zur Tragik unseres modernen Lebens, daß wir unendlich viel haben und besitzen, unsere Lebensqualität damit jedoch nicht zu-, sondern sogar eher abnimmt.

Ich denke an einige meiner Freunde, die ich zum Teil seit mehr als zwanzig Jahren kenne und deren Ziel es war, erfolgreich im äußerlichen Sinn zu werden. Früher verdienten sie wenig und waren einigermaßen glücklich. Heute verdienen sie sehr viel und sind nicht glücklicher. Mit dem Reichtum wuchsen die Ansprüche, und so bleibt die Kluft zwischen dem Haben und dem Noch-mehr-haben-Wollen, zwischen Realität und Traum, stets gleich groß. Man bewegt sich und bleibt trotzdem auf der Stelle stehen.

Die Welt der Symbole kann sich als Scheinwelt offenbaren, und die Gefahr, sich im Äußeren zu verirren, ist stets gegenwärtig. Vor allem, wenn wir uns blind auf gesellschaftliche Mythen fixieren und den Versprechungen anderer glauben, können wir den individuellen Mythos verfehlen.

Verlorenzugehen bedeutet,
an der eigenen Wahrheit vorbeigelaufen zu sein
und etwas geglaubt und getan zu haben,
nur weil es andere glauben und tun.

Wenn wir tun, was alle tun und weil alle es tun, verfehlen wir unseren individuellen Mythos mit Sicherheit. Denn gerade weil jeder Mensch einen ganz bestimmten inneren Zustand sucht, kann der gesellschaftliche Mythos vom Individuum nicht einfach übernommen werden.

So erleben wir das Leben in einem Zwiespalt. Einerseits sind wir auf Symbole angewiesen, andererseits können wir ihnen nicht blindlings vertrauen. Wie also können wir es vermeiden, verlorenzugehen? – Indem wir unsere Lebensziele anhand des individuellen Mythos überprüfen. Doch bevor wir das tun, sollten wir unsere Lebenspläne noch etwas besser verstehen.

Der Kern der Lebenspläne

Fassen wir das bisher Bedachte kurz zusammen: Die Lebenspläne eines Menschen beinhalten im wesentlichen zwei Elemente. Zum einen sind es Symbole, die sich auf das *Haben* beziehen, zum anderen sind es Sehnsüchte, die auf bestimmte *Daseinszustände* abzielen.

Man könnte sagen, die Symbole des *Habens* verhalten sich zum gesuchten Zustand des *Seins* wie Elektronen zum Kern eines Atoms. Sie umlagern den Kern und verdecken die Sicht auf ihn. Und gleichzeitig weisen sie durch ihre Konzentration an einer bestimmten Stelle auf die Anwesenheit des Kerns hin.

**Der Weg zum Kern führt über die Symbole;
denn das, was der Mensch sucht und was er sein will,
verbirgt sich in dem, was er haben will.**

Die Bilder unserer Träume bedeuten wesentlich mehr, als sie zu bedeuten scheinen. Ein Haus ist eben nicht bloß ein Haus. Ein Titel ist mehr als ein Stück Papier. Und Geld ist ebenfalls mehr als Geld, es ist ein Symbol, hinter dem sich individuell verschiedene Bedeutungen verbergen.

Wollen wir nun zum Kern unserer Träume gelangen, gilt es, den Ring der Elektronen zu durchdringen. Wir dürfen uns nicht bloß mit Symbolen befassen, sondern sollten Informationen darüber sammeln, worum es auf der Ebene individueller Verwirklichung eigentlich geht. Wie dies möglich ist, möchte ich anhand einiger Beispiele zeigen.

Das erste Beispiel bezieht sich auf eine Frau, deren Ziel es war, ein großes Tagungshotel zu eröffnen. Sie war sich allerdings nicht ganz sicher, ob dieses Vorhaben auch das Richtige für sie sei. Ich forderte sie deshalb auf, sich an das

Ziel ihrer Träume zu begeben und so zu tun, als ob sie ein solches Hotel bereits hätte. Die folgende Aussage faßt ihre Betrachtungen zusammen.

»Was ist denn, wenn Sie so ein Tagungshaus haben?«
»Dann kommen die verschiedensten Leute hierher. Ich unterhalte mich mit ihnen und treffe auf viele Anregungen. Ich komme mit Dingen und Menschen in Kontakt, von denen ich bisher nichts wußte. Ich führe ein aufregendes und spannendes Leben und verdiene sogar mein Geld damit.«

Die Frau spricht mit offensichtlicher Begeisterung von ihren Plänen, und es wird deutlicher, worum es bei ihrem Tagungshaus-Traum geht: um ein spannendes Leben, um Lebendigkeit, um den Kontakt zu Menschen, um Abwechslung, um Anregung, um das Kennenlernen anderer Meinungen, um Nähe und um Spaß an der Arbeit.

Den Kern dieses Traumes könnte man »Verbundenheit/Lebendigkeit« nennen. Er besteht aus einem ganzen Komplex von Vorstellungen und Erwartungen, oder anders ausgedrückt: von Sehnsüchten.

Ein weiteres Beispiel. Ein etwa dreißigjähriger Mann plante seit Jahren, seinen Flugschein zu machen. Obwohl dies seine finanziellen Mittel überstieg, ließ ihn der Traum vom Fliegen nicht los. Schließlich wollte er mehr über die Sache erfahren. Ich forderte ihn also auf, sich in den Traum zu begeben. Was war die Bedeutung des Traumes vom Fliegen? Was erlebte er dort? Wer kann er im Traum sein?

»Ich steige in mein Flugzeug, schließe die Tür und lasse alles andere außen vor. Ich hebe in die Luft ab, und dort steht mir alles offen. Um mich herum ist Platz. Ich fühle mich frei und wild. Ich mache einfach, wonach mir ist, und niemand kann mich daran hindern.«

Als der Mann diese Worte aussprach, leuchteten seine Augen, und es lag tatsächlich etwas Verwegenes und Ungezähmtes darin. Der Kern seines Traumes könnte den Namen tragen: »Freiheit/Unabhängigkeit«.

Ein drittes Beispiel: Eine sehr aktive und zielbewußte Frau wollte die ganz große Karriere in ihrem Unternehmen machen. Sie arbeitete konsequent und hart an diesem Ziel. Aber obwohl sie die Leiter allmählich erklomm und in die Geschäftsführung eines großen Unternehmens gelangte, blieb sie doch unzufrieden. Ihr dämmerte allmählich, *»daß es das allein nicht sein kann. Es muß um etwas anderes gehen.«* Also begaben wir uns in ihren Traum.

»Was ist denn, wenn Sie die höchste Position im Unternehmen innehaben?«

»Dann treffe ich alle Entscheidungen selbst und brauche diese nur vor mir zu rechtfertigen.«

An diese Worte schlossen sich einige Minuten des Schweigens an. Dann wurde der Frau klar, daß ihr größter Wunsch darin bestand, sich selbständig zu machen. Sie hatte schon mehrmals an diese Möglichkeit gedacht, aber bisher nicht den Mut zu diesem Schritt gefunden.

»Wenn ich ehrlich bin, fühle ich mich in diesen großen Unternehmen nicht wohl und werde es wohl auch nie tun. Vielleicht ist die Selbständigkeit für mich doch wichtiger, als ich dachte.«

Der Kern dieses Traumes könnte mit »Unabhängigkeit« bezeichnet werden. Jeder Traum enthält einen Kern, auch wenn dieser nicht ohne weiteres offenliegt. Es ist aber der Mühe wert, ihn zu entschlüsseln, denn der individuelle Mythos wird nicht lockerlassen, bis er deutlich ist und seine Botschaft verstanden wurde.

Wenn wir beispielsweise ein bestimmtes Symbol aus Gründen der Vernunft aus unserer Lebensplanung ausschließen, wird der Kern dadurch nicht inaktiviert. Wir verscheuchen ein paar Elektronen, aber andere nehmen deren Platz ein. Der Kern wird einen anderen Traum entstehen lassen.

Wenn wir die Idee vom Flugschein streichen, werden wir

kurze Zeit später vom Surfen träumen. Dann hat das Symbol gewechselt, aber der Kern ist unberührt geblieben. Im Kern, in der Sehnsucht nach einem erweiterten Leben, nach einem erweiterten Daseinszustand, hat sich nichts geändert. Dort wird an einer neuen Faszination gestrickt, an einem anderen Leben, an einem anderen Dasein.

Ein anderer Mensch sein

Wahrscheinlich ist an dieser Stelle bereits deutlich, was im Kern unserer Träume geschieht.

**Im Kern unserer Träume verwandeln wir uns
in einen anderen Menschen,
und damit verwandelt sich unser Leben
in ein anderes Leben.**

Man kann tatsächlich sagen, in dieser geträumten Zukunft sind wir jemand anderes. Jemand, der ein anderes Lebensgefühl entwickelt hat und der andere Dinge erlebt. Jemand, der eine ganz bestimmte Lebensqualität verwirklicht hat.

So verwandelte sich im Traum vom Tagungshaus eine zurückhaltende Frau in eine aufgeschlossene und unternehmungslustige Person.

Der Traum vom Fliegen machte aus dem angepaßten jungen Mann eine freie und unabhängige Person.

Und die Führungskraft verwandelte sich in eine selbständige Arbeitgeberin.

**Im Kern unserer Träume sind wir über die Begrenzungen
des jetzigen Lebens schon hinausgewachsen.**

Das also ist das Ziel aller Menschen – Erweiterung, Bereicherung und in der Folge dieser Veränderung das Gefühl, lebendig zu sein. Wenden wir das Gesagte nun auf den einzelnen Menschen an.

Die Offenbarung
des individuellen Mythos

Der individuelle Mythos schreibt das Drehbuch unserer Wünsche und Träume, läßt uns Pläne schmieden und Ziele erfinden. Wir denken uns tausend vernünftige Gründe aus, warum wir gerade diesen Gegenstand, dieses Auto, dieses Sammlerstück, dieses Segelboot, diesen Beruf, dieses Grundstück, diesen Mann oder diese Frau … haben müssen, aber es steht doch immer die gleiche Suche nach Selbstverwirklichung dahinter.

Wenn es also ohne Ziele nicht geht, wenn wir unsere Zukunft in jedem Fall erträumen müssen, dann können wir dies auch bewußt tun. Bewußtes Träumen bringt den individuellen Mythos zur Offenbarung. Bewußt träumen bedeutet, seine Vorstellungen und Phantasien bei wachem Bewußtsein zu entfalten.

Im folgenden möchte ich die einzelnen Schritte zeigen, in denen sich diese Offenbarung vollzieht. Dabei werde ich einige Beispiele zu Hilfe nehmen, auch wenn ich sie nicht in allen Einzelheiten, sondern nur verkürzt wiedergeben kann.

Die Offenbarung des individuellen Mythos geschieht in einem aus vier Schritten bestehenden Prozeß. Sie lauten im einzelnen:
– sich ans Traumziel begeben,
– den Zieltraum benennen,
– sich einen neuen Namen geben,
– den individuellen Mythos benennen.

Sich ans Traumziel begeben

Wer sich in seine Träume begibt und das zukünftige Geschehen in die Gegenwart verlagert, wer so tut, als sei der Traum *jetzt* Wirklichkeit, und wer die Nuancen und Details dieser Vorstellung entdeckt, der entfaltet seine Träume. Er blättert sie vor sich auf und erlebt eine Welt, die ihm sein Unbewußtes zeigt – die Welt am Ziel seiner Träume.

Einige Beispiele für diesen ersten Schritt habe ich bereits bei der Suche nach dem Kern aufgeführt. Ich will es hier noch etwas ausführlicher tun.

Da ist zum Beispiel ein vierzigjähriger Mann, der seit einigen Jahren plant, nach Australien auszuwandern. Allerdings trifft dieses Vorhaben auf energischen Widerstand seitens seiner Frau und seiner Kinder. Der Mann entschließt sich in der Hoffnung, mehr Klarheit zu erlangen, dazu, seinen Traum näher zu erforschen.

»Stellen Sie sich vor, in Australien zu sein. Was geschieht dort?«

»Mein erster Gedanke ist: Ich fange ganz von vorne an. Hier kennt mich niemand, und ich muß keine Rücksicht auf irgend jemanden nehmen. Es gibt keine Freunde, keine Verwandten, keine Verpflichtungen. Ich kann frei entscheiden, was ich tun oder lassen will.«

»Wie leben Sie? Erzählen Sie von Ihrem Alltag.«

»Ich lebe relativ nah an einer Stadt, aber außerhalb, auf einer Farm. Um mich herum ist Platz. Ich besitze mein eigenes Stück Land. Niemand hat mir hier etwas zu sagen. Das Haus hat nur ein Erdgeschoß und ist offen gebaut. Man kann leicht rein- und rausgehen. Das Meer ist nicht weit entfernt. Das Auto steht im Hof und ist die meiste Zeit dreckig.«

»Was empfinden Sie, wenn alles so ist? Wie fühlen Sie sich?«

»Frei, unabhängig, ursprünglich, ungebunden. Irgendwie mehr Mann. Stärker.«

»Wie verhalten Sie sich in Konflikten?«

»Konsequent. Mein Ding ist mein Ding, da gibt es nichts zu rüt-

*teln dran. Jeder ist, wie er ist, und macht, was er macht. Das ist hier
so, und die Leute respektieren das.«*

So also stellt sich der Mann sein Leben in Australien vor.
Auch diese etwas ausführlichere Schilderung kann jedoch
nur Ausschnitte des Zieltraumes wiedergeben. Einen
Traum bewußt zu träumen erfordert es, sich in alle Details
seiner Bilder hineinzubegeben und sie so lebendig wie
möglich werden zu lassen. Was geschieht? Wie geschieht es?
Was erlebe ich dabei? Was mache ich? Wie mache ich es?
Was ist Wirklichkeit geworden?

Je mehr Zeit und Sorgfalt für das bewußte Träumen auf-
gewendet wird, desto präziser wird das Ergebnis sein.

Träumen ist ein ganz alltäglicher Vorgang. Wir träumen
nachts oder gleiten unbemerkt in Tagträume ab. Für die
meisten Menschen ist bewußtes Träumen jedoch etwas Un-
gewohntes. Wenn sie es tun, halten sie ihre Vorstellungen
für unrealistisch oder vermessen und brechen den Traum
ab. Sie trauen sich nicht, so ungeniert zu sein, wie ihre
Träume es sind. So bleibt das tiefere Ziel unbewußt oder
randbewußt. Bewußtes Träumen kann aber auch trainiert
werden und sich zu einer wertvollen und aufschlußreichen
Gewohnheit entwickeln.

Den Zieltraum benennen

Ich fordere den Mann nun auf, der Traumgeschichte einen
aussagekräftigen Titel zu geben, ganz so, als ob die Erfüllung seines Traumes vom Auswandern ein Film sei, der einen Titel erhalten soll. Wie heißt der Film? Welchen Titel
und/oder welchen Untertitel hat er? Welche Geschichte
wird dort erzählt?

Der Mann entscheidet sich für den Titel *»Ausbruch«* und
beschreibt die Story als *»Die Geschichte, wie ein Mann seinen
Weg geht und zu sich selbst findet«.*

Der Zieltraum beschreibt eine bestimmte Art zu leben. Er ist eine Geschichte, in der ein Mensch und seine Lebensweise beschrieben werden.

Den Titel dieser Geschichte findet man mit Hilfe einiger Fragen. Wenn es sich bei diesem Traum um einen Film oder ein Theaterstück handeln würde, wie lautet der Titel? Wie der Untertitel? Was für ein Film oder ein Stück wird gespielt? Wovon handelt es? Worum geht es? Einen Traum zu benennen hilft, ihn zu begreifen. Denn Mythen sind Geschichten, und im individuellen Mythos schreiben wir träumend unsere eigene Geschichte, bevor wir sie erleben. Ohne Titel bleibt der Traum mehr oder weniger eine Anreihung von Ereignissen, die keinen Sinn ergeben. Erst durch den Titel entsteht ein Zusammenhang, durch den wir den Zieltraum begreifen.

Dem eigenen Traum einen Titel zu verleihen mag pathetisch klingen, doch in Büchern, Filmen und auf Bühnen werden solche Geschichten erzählt. Wir schauen sie an, weil wir gleiche Ziele und Träume haben wie die Helden der Leinwand.

Es sind Geschichten, die erzählen, wie jemand Anerkennung findet … die Liebe erfährt … Vertrauen in das Leben faßt … wie seine Partnerschaft zum Glück führt … wie er das Geheimnis des Lebens begreift … Gott begegnet …

Sich einen neuen Namen geben

Der nächste Schritt auf dem Weg zur Offenbarung des individuellen Mythos besteht darin, der am Ziel angelangten Person einen Namen zu geben. Denn in der Zukunftsgeschichte bin ich nicht mehr derselbe Mensch, der ich in der Gegenwart bin. Dort bin ich jemand anderes. Ich habe mich verändert.

Der Mann beschreibt die in Australien lebende Person als *»einen starken und eigenwilligen Mann, der sich durch Konse-*

quenz auszeichnet«. Er gibt sich den Namen *»der Männliche«.*
Der Männliche kann etwas, das ihn in der Wahrnehmung dieses Mannes zu einem besonderen Menschen macht.

Der neue Name beschreibt also besondere Eigenschaften und Fähigkeiten der Traumgestalt. Andere Namensbeispiele wären etwa »die Unbeugsame« oder »der Aufrichtige«, »der Sanfte« oder »die Entschlossene«. Die Anzahl möglicher Namen ist nur durch die Anzahl menschlicher Fähigkeiten begrenzt.

Manchen Menschen fällt es schwer, sich einen neuen Namen zu geben, denn sie sagen: *»So wie in diesem Traum bin ich nicht.«* Natürlich nicht, denn wenn wir bereits so wären, bräuchten wir den Traum ja nicht. Man kann nur von etwas träumen, was man nicht hat oder nicht ist. Den Namen müssen wir uns später verdienen, indem wir die zugrunde liegende Fähigkeit kultivieren.

Die Hauptperson des Traumes braucht also einen neuen Namen. Keinesfalls darf sich der Name aus der Gegenwart ergeben, sonst fehlt ihm die Traumbotschaft. Was sind die speziellen Fähigkeiten des Menschen aus dem Zieltraum? Wodurch zeichnet er sich aus? Wer bin ich am Ziel? Der gewählte Name sollte diese Fähigkeiten treffend beschreiben.

Auch unsere Alltagsnamen beschreiben in ihrem Ursprung Eigenschaften oder Fähigkeiten von Personen. So bedeutet der Name Günther »Der mit dem Heere zieht«.

In Naturvölkern mag ein junger Mann in Wertschätzung seiner Kraft »schnell wie ein Reh« oder »Großer Löwe« genannt werden, eine Frau in Anspielung auf ihre Klarsicht und Klugheit »Kleine Eule« oder in Anerkennung ihrer Schönheit »Morgenröte«.

In manchen Kulturen wechseln die Menschen ihre Namen, wenn sie vor einer wichtigen Aufgabe stehen oder in eine andere Lebensphase gelangen. Dies erleichtert den Wechsel der Identität, beispielsweise beim Übergang vom Jugendlichen zum Erwachsenen.

Der Umgang unserer Kultur mit Namen ist mittlerweile

eher statisch geworden. Zwar ändern auch wir im Laufe unseres Lebens unsere Identität, aber wir behalten den gleichen Namen.

Gerade deshalb ist der Name der Traumfigur so wichtig.
Er unterstützt uns, er stärkt uns.
Er verleiht uns eine erweiterte Identität.

Der gewählte Name mag ebenso wie der Titel des Traumes pathetisch klingen. Doch all die Filme, Dramen und Abenteuer der Bühne und der Leinwand finden auch in unserem Inneren statt. Millionen gingen in einen Film mit dem Titel »Der mit dem Wolf tanzt« und fanden nichts dabei. Mit genau der gleichen Selbstverständlichkeit sollten wir unsere Namen der jeweils vor uns liegenden Aufgabe anpassen.

Dann könnte »Der sich konfrontieren will« eine Zeit zu großer Harmoniesuche beenden, und aus jemandem, der seine Gefühle leugnet, könnte »Der Empfindsame« werden.

Bei welcher Aufgabe könnten beispielsweise Namen wie »Weises Herz«, »Der gerade steht« oder »Der die Grenze zieht« helfen?

Den individuellen Mythos benennen

So weit haben wir die äußeren Umstände der Zukunft erfahren und der Zukunftsgestalt einen neuen Namen verliehen. Jetzt geht es um die innere Welt des »Männlichen«, also um den gesuchten Daseinszustand. Auch dieser braucht eine Benennung, um vollends begreifbar zu werden.

Der Mann aus unserem Beispiel nennt die innere Welt seiner Traumfigur eine »Welt der Unabhängigkeit«. Damit beschreibt er den gesuchten Daseinszustand.

Diese innere Unabhängigkeit zu finden – damit wäre der

individuelle Mythos verwirklicht. Unabhängigkeit ist die Traumbotschaft, ist der gesuchte Lebenszustand, der tiefere Sinn des Traumes vom Auswandern. Sie ist die Botschaft des Unbewußten – zumindest in dem Maße, in dem wir es bisher durchleuchten konnten.

Innere Atmosphäre – die Lebenshaltung

Der individuelle Mythos zeigt sich als Suche nach einer anderen Erlebenswelt.

Nun wissen wir alle, daß es keine andere Welt gibt. Wir leben auf diesem Planeten Erde, und der ist für alle gleich. Tatsächlich? Warum machen Menschen dann so unterschiedliche Lebenserfahrungen in einer angeblich gleichen Welt? Weil sie innerlich in ganz verschiedenen Welten leben, in verschiedenen Zuständen; und weil sie ganz verschiedene Fähigkeiten und Qualitäten entwickelt haben.

Den inneren Zustand eines Menschen kann man auch als seine innere Atmosphäre bezeichnen. Atmosphären beeinflussen. Wenn wir uns beispielsweise unter traurigen Menschen aufhalten, überträgt sich deren Traurigkeit. Im Urlaub lassen wir uns von der Leichtigkeit anderer Kulturen anstecken. Auch Lachen kann ansteckend sein. Ebenso unterstützt eine kreative Atmosphäre Kreativität, und eine reizarme Umgebung macht dumpf.

Wie durch äußere Atmosphären werden wir auch von inneren Atmosphären beeinflußt. Wir alle kennen ein alltägliches Phänomen der inneren Atmosphäre – unsere Launen. Im Zustand guter Laune nehmen wir Dinge leicht, die uns an anderen Tagen, wenn wir schlecht gelaunt sind, bedrücken oder niederschlagen.

Beispielsweise wollen wir mit dem Partner tanzen gehen, aber der hat keine Lust. An einem Tag sind wir dann beleidigt, an einem anderen Tag ist das kein Problem – je nach unserer Laune. Und da man eine innere Atmosphäre auch als eine Art lebenslanger Laune begreifen kann, wird deutlich, wieso die Menschen so unterschiedliche Erfahrungen machen, selbst wenn sie unter ganz ähnlichen Bedingungen leben.

So kann der gleiche Vorgang ganz verschiedene Erfahrungen entstehen lassen. Man kann sich die innere Atmosphäre wie einen Schleier vorstellen, durch den wir alles Äußere erleben. Ist der Schleier dunkel, weil er den Namen »Minderwertigkeit« trägt, dann ertragen wir es beispielsweise nicht, kritisiert zu werden. Kritik ist dann eine negative Erfahrung. Ist der Schleier jedoch hell und trägt den Namen »Selbstbewußtsein«, können wir die gleiche Kritik annehmen und daraus lernen. So wird Kritik zu einer positiven Erfahrung.

Beispielsweise kann der Verlust eines Vermögens, im Zustand der »Leichtigkeit« erlebt, in einen Neuanfang führen, während das gleiche Ereignis im Zustand der »Hoffnungslosigkeit« im Selbstmord enden kann.

Ein anderer und sehr sinnvoller Ausdruck für die innere Atmosphäre eines Menschen ist der Begriff *Lebenshaltung*.

Jeder Mensch hat im Laufe seines Lebens eine Reihe solcher Lebenshaltungen entwickelt; und obwohl wir uns nicht völlig auf eine einzige festlegen lassen, hat sich doch eine bestimmte Grundhaltung gegenüber dem Leben und den Menschen herausgebildet. Dieser Zustand ist uns vertraut, wir kennen ihn wie unsere Westentasche. Er ist gewohnt, sicher und zugleich auf Dauer auch langweilig und einschränkend.

Gerade diese langweilige und einengende Sicherheit ist ja der Grund, warum wir durch den individuellen Mythos von anderen, uns unbekannten Zuständen träumen.

**Somit offenbart sich der individuelle Mythos
als Suche nach einer veränderten Lebenshaltung.**

Es geht also tatsächlich nicht um das Symbol. Wir suchen eine neue Haltung, aus der heraus wir der Welt und den Menschen begegnen können. Solch eine andere Haltung würde unsere gesamte Erfahrung vom Leben verändern.

Beispiele für Haltungen, die von Menschen gesucht werden, sind etwa Gelassenheit, Offenheit, Klarheit, Verbundenheit oder Selbstbewußtsein. Jede dieser Haltungen vermittelt gänzlich unterschiedliche Lebenserfahrungen.

Somit ist klar: Das Leben ist nicht einfach das Leben. Wir er-leben es durch unsere innere Atmosphäre.

Weil der individuelle Mythos
der Traum von einer veränderten Lebenshaltung ist,
zeigt er uns eine andere Möglichkeit zu leben –
in der gleichen äußeren Welt.

Den individuellen Mythos
konkretisieren

Ergebnis der bisher geschilderten Schritte ist es, daß wir der Zukunftsgestalt einen Namen verleihen und ihre innere Atmosphäre benennen können: Dieser Mensch wollen wir einmal sein, und seine Lebenshaltung wollen wir einmal einnehmen.

Mit dieser Offenbarung des individuellen Mythos ist deutlicher geworden, was wir suchen. Nun allerdings wartet der individuelle Mythos auf seine Umsetzung, denn er befindet sich ja auf einer Ebene bloßer Vorstellung und Phantasie. Der Traum braucht einen Weg zur Realität, wenn er nicht Traum bleiben soll.

Wenn wir uns um den individuellen Mythos nicht scheren, bleibt uns nichts anderes übrig, als die erweiterte Lebenserfahrung in äußeren Dingen, in Symbolen, zu suchen. Doch dieser Versuch des Habens kann, selbst wenn man auf diesem Wege nicht verlorengeht, Jahre oder ein Leben lang in Anspruch nehmen.

Aber wenn ein großer Teil der Lösung nicht außen, sondern in uns, in unserer Lebenshaltung, in unserer Art zu denken, zu fühlen und zu handeln liegt, warum sollten wir dann auf eine ungewisse Zukunft warten? Machen wir die Zukunft doch zur Gegenwart!

Versetzen wir die Zukunftsgestalt einfach in unseren Alltag und schauen, wie sie sich dort verhält!

Was wird »Der Männliche« aus dem vorigen Beispiel tun, wenn er von Australien nach Deutschland kommt? Was hält er für erstrebenswert? Wofür gebraucht er seine Kraft? Welche konkreten Ziele wählt er?

51

»Lassen Sie ›den Männlichen‹ einige Ihrer Ziele auswählen. Finden Sie heraus, worum es für ihn geht und was er tut!«

»Als ›Der Männliche‹ räume ich mein Leben auf. Mein Ziel lautet: Platz schaffen und aus dem Weg räumen, was mir auf die Nerven geht. Dazu gehört auch der Umbau meines Hauses.«

Nun sind zwei sehr konkrete Ziele aufgetaucht, Ziele, die sich auf den gegenwärtigen Alltag beziehen. Sie lauten »mein Haus umbauen« und »wegräumen, was mir auf die Nerven geht«. Was bedeutet dies nun genauer?

»Gehen Sie als ›Der Männliche‹ in Ihren Alltag. Wie verhält er sich im Gegensatz zu Ihrer normalen Identität?«

»Er verhält sich unberechenbar. Er macht sein Ding und schert sich nicht um die Meinung anderer.«

»Was beispielsweise macht er anders? Suchen Sie als ›Der Männliche‹ eine konkrete Situation auf.«

»Es geht um die Frage, ob die Eltern meiner Frau zu uns ins Haus ziehen. Wenn ja, dann steht fest, daß wir sie pflegen sollen und dafür später ihr Vermögen erben. Als ›Der Männliche‹ ist mir das ganz gleich. Ich habe mit den Leuten nichts zu tun und bin auch auf das Erbe nicht angewiesen. Sie sollen ihr Geld nehmen und in ein schönes Altenheim gehen. Ich sage klar ›Nein‹ und lasse mich auch nicht überreden. Ich brauche mein Haus für mich und will es nach meinen Vorstellungen nutzen.«

Nun hat der Mann ein Ziel gefunden, das vom Ausgangsziel Auswandern ganz erheblich abweicht. Auswandern erscheint (was nur für dieses Beispiel zutrifft) dagegen als oberflächliches Ziel. Sich zu behaupten, sich auch nicht vom in Aussicht gestellten Erbe davon abbringen zu lassen, ist dagegen ein weitaus bedeutenderes Lebensziel für diesen Mann. Es ist ein Wahlziel oder ein Wahlsymbol.

Ein Symbol wählen

Ich bezeichne solche Symbole als Wahlsymbole, die aus der intensiven Beschäftigung mit dem individuellen Mythos entstanden sind.

Bei Symbolen ist es wichtig,
Ausgangssymbole und Wahlsymbole zu unterscheiden.
Ein Ausgangssymbol hat uns ausgesucht.
Das Wahlsymbol dagegen haben wir ausgesucht.

Der Trick, zu einem konkreten und auf den individuellen Mythos bezogenen Symbol zu kommen, besteht darin, nicht das normale Ich, sondern die Person aus der Zukunft die Wahl treffen zu lassen.

Durch die Symbolwahl werden wir zugleich dem Bedürfnis und der Notwendigkeit gerecht, ein Ziel zu haben, auf das sich unsere Bemühungen richten können. Wir können nicht ohne Symbole auskommen –, aber dann sollte es schon ein stimmiges sein.

Bewußte Symbolwahl bringt neue und konkretisierte Symbole hervor, denn das Ausgangssymbol hat einen inneren Verarbeitungsprozeß durchlaufen, sich dem individuellen Mythos angenähert und sich so verwandelt.

Wenn wir solch einem bewußt gewählten Symbol folgen, tun wir nicht mehr irgend etwas, sondern etwas ganz Bestimmtes, das sich in großer Übereinstimmung mit dem individuellen Mythos befindet.

Wir sind nicht mehr von unbewußten Zielen ferngesteuert. Damit ist die Macht der Ausgangssymbole gebannt. Wir wählen ein Symbol, fixieren ein Ziel, schmieden einen Plan, der dem individuellen Mythos näher ist als das Symbol des gesellschaftlichen Mythos, das sich ohne unser Zutun an unsere Sehnsucht heftete.

Wie sich in vorhergehenden Beispielen zeigte, unterscheidet sich das Wahlsymbol zumeist beträchtlich von dem Ausgangssymbol.

Damit wird endgültig klar,
daß der gesuchte Lebenszustand eines Menschen
nicht an bestimmte Gegenstände
oder Symbole gebunden ist.
Vieles kann den Zustand erzeugen, nicht nur eines.

Es gibt eine ganze Reihe von Möglichkeiten, und es gibt sie schon jetzt. Wir brauchen nicht zu warten, bis eine ungewisse Zukunft da ist, bis wir eine Million haben, ein Haus, bis wir Karriere gemacht oder diesen Mann, diese Frau erobert haben ...

Um Ruhe und Entspanntheit in unser Leben zu holen, müssen wir nicht ans Ende der Welt flüchten. Um Anerkennung zu finden, brauchen wir nicht viel Geld zu verdienen oder Rekorde zu brechen. Um Liebe zu finden, müssen wir nicht jung, schön oder schlank sein ...

Es gibt viele Möglichkeiten, und es gibt sie bereits jetzt. Wir können also gleich anfangen, unser Leben entsprechend unseren Träumen zu gestalten.

Zukunft – worum es wirklich geht

Mit der Wahl eines Symbols haben wir uns nun aus der Zukunft zurück in die Gegenwart bewegt. Warum ist das so wichtig? Um diese Frage zu beantworten, sollten wir uns etwas intensiver mit Zukunft, Gegenwart und der Bedeutung von Träumen befassen.

Normalerweise glauben wir, Träume wären bestenfalls Zukunft, obwohl sie doch allerhöchstens potentielle Zukunft sind. Wir richten unser Augenmerk auf die Traumbilder und fragen uns selten oder gar nicht, warum wir gerade jetzt das und nichts anderes träumen. Warum tauchen diese Bilder zu diesem Zeitpunkt auf?

Wir träumen etwas, weil es in unserer Gegenwart fehlt und wir unbewußt spüren, daß wir es brauchen!

So hat ein Traum also weniger mit der Zukunft als mit der Gegenwart des Träumers zu tun. Ein Traum sagt auf positive Weise aus, was uns jetzt nicht gefällt, indem er uns andere Möglichkeiten zeigt.

In einem Seminar sagte eine Frau an einem Donnerstag: *»Sonntag werde ich ausschlafen.«* Natürlich war sie am Donnerstag müde. Der Traum hatte mit dem Sonntag nichts zu tun.

Traum und Gegenwart hängen also enger zusammen als Traum und Zukunft. Schließlich träumen wir den Traum *jetzt* und nicht morgen. Der Traum entsteht aus dem Kontext unserer Gegenwart, und nur in diesem Zusammenhang hat und behält er seine wahre Bedeutung. Wer dies nicht beachtet, kann sich vertun.

Stellen Sie sich vor, es ist Herbst, und Sie befinden sich in einer Phase berufsbedingter Belastung. Da diese Anstrengung schon längere Zeit anhält, beginnen Sie von einem entspannten Urlaub auf einer einsamen Insel zu träumen. Eine Insel, kein Mensch in der Nähe, nur Sonne und Strand und Ruhe, Ruhe, Ruhe. Das ist Ihr Traumziel und damit ein Symbol für den gesuchten Zustand der Entspannung. Sie wollen »Der Entspannte« werden, weil Sie »Der Angespannte« sind. Sie fassen einen Plan, zwar keinen Lebensplan, aber einen Urlaubsplan.

Also gehen Sie in ein Reisebüro und buchen zum nächstmöglichen Termin, zu dem Sie Urlaub erhalten. Das ist in der Zukunft und liegt bei Ostern. Gegen Januar aber nimmt die berufliche Belastung ab, und im Februar gibt es nur noch wenig zu tun. Im März fühlen Sie sich bereits so unterfordert, daß Ihnen vor Ostern und der Insel graut. Aber da Sie gebucht und eine Menge Geld investiert haben, bleiben Sie dem Ausgangsziel treu, auch wenn Sie mittlerweile Lust auf Aktivität und menschliche Kontakte entwickelt haben und lieber in Skiurlaub fahren würden.

Ostern kommt, und Sie sitzen auf der Insel. Aber Sie sind nicht »Der Entspannte«, sondern »Der Angespannte«, denn jetzt träumen Sie von Ski und Disko und von Aktion. (Planen Sie jetzt nicht den nächsten Winterurlaub!)

Das also ist reale Zukunft um Ostern. Das Ausgangssymbol »einsame Insel« hatte mit dieser realen Zukunft nichts gemein, aber alles mit Ihrer Gegenwart im Herbst, als Sie den Traum entwickelten. Im Herbst machte es noch Sinn, von der Insel zu träumen, Ostern ist der Traum wertlos. Geld und Zeit sind vertan, und Sie sind in einem Ziel »verlorengegangen«.

In dem hier geschilderten Fall macht das nicht viel aus. Der verpatzte Urlaub wird in der Abteilung »dumm gelaufen« verbucht. Wenn es sich aber um echte Lebensziele handelt, können Sie nicht einfach umbuchen. Möglicherweise bleibt dann nur die Feststellung, viele Jahre in eine Zukunft und ein Symbol investiert zu haben, die es nicht wert waren. Weil es nicht um die Zukunft ging, sondern um

Ihre Gegenwart. (Welches Symbol hätte »Der Entspannte« gewählt, wenn *er* im Herbst die Planung hätte machen dürfen? Wahrscheinlich hätte er gewartet und sich erst kurz vor Ostern für einen Urlaubsort entschieden, denn er ist entspannt genug, um warten zu können.)

Was also ist Zukunft? Eine Phantasie, die zeigt, was *jetzt* geschehen sollte. Träume zeigen die Mängel der Gegenwart. Darauf sollten wir achten und uns nicht auf die Zukunft vertrösten.

Sich auf die Zukunft zu verlassen würde im Beispiel Australien heißen, mit der Hoffnung auf Freiheit auszuwandern, um dann eines Tages festzustellen, daß sich die Schwiegereltern auf der Farm einquartiert haben. Weil niemand »Männliches« da ist, der nein oder halt sagen kann! Weil der gleiche schwache Mann nach Australien auswanderte, der auch in Deutschland schwach und nachgiebig war! Weil der gesuchte Zustand »Unabhängigkeit« nicht erreicht wurde und mit Australien nichts zu tun hat.

Ein Umzug ins Ausland macht nicht selbstbewußt, aber jemand Selbstbewußtes kann ohne weiteres umziehen. Auch mit zehn Millionen im Rücken gewinnen wir nicht automatisch Vertrauen, aber jemand mit Vertrauen kann auch ohne viel Geld leben. Der schönste Weltrekord bringt nicht unbedingt mehr Selbstbewußtheit, aber jemand mit Selbstbewußtsein kann auch ohne Rekorde auskommen. Und ein Lottogewinn führt nicht unbedingt aus der Langeweile, aber ein kreativer Mensch macht auch aus wenigen Dingen viel.

Träume zu verwirklichen heißt,
sie auf die Gegenwart anzuwenden;
und das jetzt und nicht später, »wenn ich mal Zeit habe«.
»Lebe deine Träume« meint: »Lebe sie jetzt!«

Heldentaten

Look for the hero inside yourself
until you find the key to your life.
Ein Popsong

Wir bekommen unsere Zukunft nicht geschenkt. Wir müssen sie suchen und erreichen, indem wir unsere Träume konkretisieren und umsetzen.

Bei dieser Gestaltung haben wir keine freie Auswahl zur Verfügung. Wir sind an den individuellen Mythos gebunden. Wir haben nur die eine Wahl, ihn zu erfüllen, denn nichts anderes wird uns zufrieden, erfüllt und glücklich machen.

Träume umzusetzen, erfordert es, sie auf die Gegenwart anzuwenden. Wie das geschieht, möchte ich anhand des Beispiels vom Australien-Auswanderer zeigen.

Unterstellen wir dem Mann an dieser Stelle, er habe sich entschieden, in Deutschland zu bleiben und hier *»Der Männliche«* zu sein.

Welche Herausforderungen werden auf *»Den Männlichen«* zukommen? Wie oft wird er versucht sein, sich von der Familie zur Änderung seiner Haltung überreden zu lassen und die Schwiegereltern doch ins Haus zu holen? Wird er Männlichkeit und Unabhängigkeit bewahren können oder seine Hände nach dem Erbe ausstrecken? Wird er *»Der Nachgiebige«* sein oder seinem neuen Namen Ehre machen? Wird er nicht nur in seinen Träumen, sondern auch in der Gegenwart Held sein können?

Nur Helden tun es!

Indem wir den Traum von der Zukunft träumen, indem wir einen neuen Namen erhalten und ein Symbol gewählt ha-

ben, ist unser vordringliches Lebensziel deutlicher geworden. Wir wissen nun recht genau, was wir wollen. Doch was
nutzt das? Sehr viele Menschen wissen, was sie tun sollten.
Sie erzählen von ihren Problemen, und wenn wir ihnen Rat-
schläge geben, »wissen sie das schon«. Ihr Problem besteht
darin, daß niemand da ist, der es tun könnte. Jemand müßte den Ratschlag befolgen. Jemand müßte den Mut haben,
den Rahmen des Gewohnten zu verlassen und zu handeln.
Aber so jemand ist nicht da. Der einzige, der da ist, bin ich,
und der traut sich nicht.

Was immer eine notwendige Tat ist – das normale Ich des
Menschen wird sie nicht vollbringen. Sonst bräuchte es ja
nicht davon zu träumen.

Es stellt sich hier die wesentliche Frage: »Wer tut es?« Die
Gestalt aus der Zukunft wird es tun, oder niemand wird es
tun!

»Der Mann, der aus dem Herzen lebt«, könnte *es* tun oder
»Die Frau, die Wahrheit sucht«, »Der tanzende Büffel« oder *»Der
Fühlende«.* Diese Helden könnten es tun.

**Sich entsprechend seinem individuellen Mythos
zu verhalten, das macht den Menschen zum Helden –
zum Helden seines eigenen Lebens.**

Helden sind Verwirklicher. Auf gesellschaftlicher Ebene
verwirklichen sie die Träume der Gemeinschaft. Sie führen
Kriege, um andere Länder zu erobern, oder verteidigen das
eigene Land, sie retten andere Menschen, sie schaffen
Wohlstand, sie dienen in der Forschung.

Auf der persönlichen Ebene verwirklichen sie die Indivi-
dualität des Menschen. Das ist in den allermeisten Fällen
weitaus mehr, als die Rolle des gesellschaftlichen Helden
hergeben kann, denn ihr fehlt die Seele des Individuums.

Held seines Lebens zu sein macht das Leben zu einem
Abenteuer. Wir reagieren dann nicht länger auf vorgegebe-
ne Ziele, sondern agieren und schaffen Ziele. Wir warten

nicht auf die Zukunft, sondern verändern die Gegenwart. Wir suchen einen Daseinszustand und sind bereit, ihn zu kreieren. Wir nehmen das Leben in die Hand. Wir folgen unserer Aufgabe, im Leben Erfüllung zu finden.

Wie erfüllt ein Held diese seine Aufgabe? Indem er sich ins Leben stürzt, Neues versucht, Erfahrungen macht, Siege und auch Niederlagen erlebt. Indem er den Alltag als seine Herausforderung annimmt, statt in Träumen von äußeren »Zufällen« verlorenzugehen. Indem er nicht aushält, nachgibt oder mitspielt, sondern seine Kraft für seine Ziele einsetzt.

Wollen wir den individuellen Mythos verwirklichen, müssen wir den gleichen Weg gehen, den die Helden aller Länder und Zeiten gegangen sind. Dieser Weg wird in den Mythen der Menschheit beschrieben.

Helden brauchen:
– einen Auftrag,
– Ermutigung,
– eine Herausforderung,
– Bewährung,
– Belohnung.

Der Auftrag ist definiert. Befassen wir uns also mit den übrigen Erfordernissen.

Held sein – an sein Ziel glauben

Der Held bricht auf. Er hat ein Ziel, eine Mission. Sein Auftrag lautet: *Gestalte dein Leben, erweitere deine Möglichkeiten!* Auf seiner Fahne stehen Losungen wie »Verbundenheit«, »Gerechtigkeit«, »Unabhängigkeit«, »Selbstbewußtsein«, »Ehrlichkeit« oder ähnliche geschrieben.

Was immer diese Worte im einzelnen bedeuten mögen, es handelt sich in jedem Fall um etwas Neues, das es im Leben des Betreffenden so noch nicht gibt. Also müssen wir das Leben oder einen Teilbereich davon erfinden. Was macht ein Erfinder? Er läßt Visionen entstehen. Und dann setzt er diese Vorstellungen um.

Stellen wir uns vor, jemand erfindet ein Gerät zum Pressen von Kirschsaft. Da er immer schon Kirschsaft mochte, störte es ihn, jede Kirsche einzeln zu entkernen und das Fruchtfleisch durch ein Tuch oder Sieb zu pressen. Die Prozedur ist umständlich und deshalb ärgerlich. Aus dem Druck des Ärgergefühles entsteht ein Traum – eine erste Vorstellung von der Kirschsaftpresse. Mit dieser Vision vor Augen beginnt der Erfinder, nach Elementen zu suchen, die andere Arten des Saftpressens möglich machen. Er entwickelt Gedanken und konkrete Ideen. Und schließlich macht er sich auf den Weg der Umsetzung seiner Phantasie. Er probiert aus, verändert, verwirft, konstruiert, bleibt trotz einiger Rückschläge seiner Idee treu und erreicht schließlich sein Ziel. Nun steht die Saftpresse da. Wo war sie vorher? – In den Träumen des Erfinders! In der Welt der Phantasie!

Der Flug zum Mond, der Personalcomputer, die Mausefalle, das Auto, Maschinen, Kriege – alle schönen und häßlichen Dinge wurden zuvor in Träumen geboren und haben einen Weg aus der Welt der Träume in die Realität gefunden. Was wir real nennen, war einmal ein Traum. Das führt zu einer wesentlichen Erkenntnis:

Realität entsteht träumend –
und träumend können wir sie gestalten und verändern.

Vor dem Handeln kommt die Phantasie. Wir brauchen eine Vorstellung, um unser Handeln auszurichten. Das Wort Vorstellung ist sehr präzise, denn wir müssen etwas vor die Handlung *stellen* – eben einen Traum, eine Idee, eine Phantasie, einen Plan. Ohne das geht es nicht. Wir tun buchstäblich nichts, ohne eine Vorstellung davon zu haben.

Wer sich beispielsweise nicht vorstellen kann, im Lotto zu gewinnen, wird keine Lose kaufen – und demnach mit Sicherheit niemals gewinnen. Wer sich nicht vorstellen kann, heute abend einen Menschen kennenzulernen, wird zu Hause bleiben – und tatsächlich niemanden kennenlernen. Wer glaubt, »eine Kirschsaftpresse braucht doch niemand«, wird auch keine erfinden.

Was wir glauben

Was im Leben möglich ist, hängt also wesentlich von der Beschaffenheit unserer Vorstellungen ab. Vorstellungen beinhalten alles, was wir über das Leben, die Menschen und uns selbst glauben. Vorstellungen beruhen auf Glaubenssätzen und tragen unsere Überzeugungen.

Jeder von uns hat eine ganze Reihe solcher Glaubenssätze verinnerlicht und richtet sich danach, meist allerdings, ohne es zu merken. Durch diese Unbewußtheit beeinflussen sie unser Leben in ganz extremer Weise. Zum Beispiel mag jemand die Überzeugung haben: *»Wer es zu etwas bringen will, muß hart arbeiten.«* Ist diese Aussage wahr oder nicht? Hat er recht oder unrecht? Nun, wir können so etwas glauben, aber eines steht dann fest: Wer so etwas glaubt, wird tatsächlich hart arbeiten. Damit hat sich sein Glaube selbst bestätigt, und er kann mit Recht sagen: *»Siehst du, so ist das Leben – harte Arbeit.«* Allerdings gibt es viele Menschen, die es zu etwas brachten, ohne hart zu arbeiten.

Ich erinnere mich an eine Diskussion mit einer Frau, die aufgrund ihrer Erfahrungen zutiefst glaubte, *»daß eine Frau doch immer allein sein wird, weil Männer nicht treu sein können«.*

Da sie auf Treue aber großen Wert legte, wollte sie keine Beziehungen mehr eingehen. Nun gibt es sicher eine ganze Reihe von Männern, für die Treue einen ebenso großen Wert hat wie für diese Frau. Leider wird sie diese Männer nicht kennenlernen, denn sie hat sich ja entschlossen, allein zu bleiben. Am Ende ihres Lebens wird sie sagen: *»So ist das Leben – man ist doch allein.«*

Wir sehen: Glaubenssätze sind auf Dauer gesehen immer wahr, denn sie machen sich selbst wahr. Sie wirken wie Voraussagen, und wir richten unser Verhalten nach ihnen. Dementsprechend fallen die Resultate aus.

Wer arbeitslos ist und glaubt, *»es gibt keine Arbeit für mich«*, wird jeden Tag zu Hause bleiben und keine Arbeit haben. Erst wenn er eines Tages zu einer anderen Überzeugung kommt und glaubt, *»es muß eine Arbeit auch für mich geben«*, steht er auf und wird aktiv. Vielleicht macht er sich selbständig.

Wer glaubt, man komme im Leben zu kurz, wird sich zurückhalten und dann tatsächlich zu kurz kommen. Und wer glaubt, man könne die Dinge auf sich zukommen lassen, wird entspannter leben, denn er läßt die Dinge auf sich zukommen und läuft nicht ständig hinter ihnen her.

Wer hätte noch nie mit anderen Menschen über »das Leben« diskutiert? In solchen Situationen will jeder recht haben und ist aufgrund seiner Lebenserfahrung überzeugt zu wissen, *»wie das Leben wirklich ist«*. Streit oder heiße Diskussionen sind dann vorprogrammiert. Tatsächlich aber werden nur Glaubenssätze ausgetauscht; und das Verrückte oder Fatale daran ist: Jeder hat recht. Wenn wir das Leben so machen, ist es auch so!

Interessant ist in diesem Zusammenhang die Feststellung, daß zum Teil kraß unterschiedliche Lebenserfahrungen aufgrund unterschiedlicher Glaubenssätze entstehen. Wenn jemand glaubt:

- Ich kann das nicht.
- Ich kann das auch.
- Das Leben ist Kampf.
- Das Leben ist ein Spiel, in dem man manchmal kämpfen muß.
- Man darf niemandem trauen.
- Alle Menschen suchen Liebe.
- Ich muß mich anpassen.
- Ich bin ich.

Wie sieht dann ein Leben aus, das auf der Grundlage des einen oder des anderen Glaubenssatzes beruht? Welche Lebenserfahrungen machen die Betreffenden?

Das Leben zu gestalten ist im Prinzip ein ganz alltäglicher Vorgang. Wir tun es andauernd und bemerken es nicht einmal. Wir gestalten unser Leben jeden Tag. Allerdings gestalten wir zum größten Teil immer neu dasselbe Leben, lassen das alte wieder entstehen und haben damit nichts Neues geschaffen. Weil wir unseren alten Überzeugungen und Glaubenssätzen treu bleiben.

**Um etwas Neues zu schaffen,
müssen wir auch etwas Neues glauben.
Wir sollten unseren Träumen vertrauen,
denn sie weisen auf das Neue hin!**

Wollen Sie Musiker werden, dann sollten Sie glauben, daß *»die Menschen mich hören wollen«* oder daß *»ich durch Musik etwas geben kann«.* Um Bilder zu verkaufen, sollten Sie glauben, daß *»es zumindest einige Menschen gibt, denen meine Bilder etwas wert sind«.*

Ein Bekannter erzählte mir folgende Geschichte:

»Meine Freundin versuchte seit Monaten, einen neuen Job im Management zu finden. Sie schrieb mindestens achtzig Bewerbungen, aber es kamen entweder keine oder nur ablehnende Antworten. Sie war an Rande der Verzweiflung. Wir besprachen die Sache, und ich kam auf die Idee, in einem lockeren und etwas provokativen Stil eine Anzeige in einer internationalen Zeitung aufzusetzen. Sie wollte nicht, aber ich blieb hartnäckig und überzeugte sie schließlich davon. Nach einer Woche hatte sie einen Stapel Angebote, eines davon aus Japan. Eine kleine Anzeige, und ihre ganze Situation drehte sich um.«

Das Beispiel ist signifikant. Diese eine Anzeige kann das Leben dieser Frau verändern. Es mußte aber jemand dasein, der an diese Möglichkeit glaubte, sonst wäre keine Anzeige aufgegeben worden, und nichts wäre geschehen.

Die Bereitschaft, Neues zu glauben, kann mitunter phantastische Dinge wahr werden lassen, wie es im folgenden Beispiel geschehen ist. Ich schildere diese wirklich nicht alltägliche Geschichte, weil sie auf extreme Weise zeigt, was geschehen kann, wenn Menschen ihre Vorstellungen erweitern und etwas glauben, das bisher nicht zu ihrem Glaubenssystem gehörte, das den Rahmen der Alltagsvorstellungen sprengt.

Es war einmal … eine Familie, die am Küchentisch saß und ein Unterhaltungsspiel spielen wollte. Zum dritten Mal nun fehlte ein wichtiger Bestandteil des Spieles, und zum dritten Mal machte sich jemand auf den Weg, ein neues Spiel zu kaufen, weil das Teil nicht einzeln erworben werden konnte. Als die Frau nebenbei die Bemerkung machte: »damit muß ja eine Menge Geld zu verdienen sein«, klingelte es bei ihrem Mann. Die Idee entstand, ein eigenes Spiel zu entwickeln.

Nun haben wir alle von Zeit zu Zeit solche Ideen, aber es fehlt uns der feste Glaube, solch ein Vorhaben umsetzen zu können. Woher auch immer, diese Familie hatte die Überzeugung, »wir schaffen das«, und machte sich gemeinsam mit befreundeten Nachbarn an die Verwirklichung.

Sie entwickelten ihre Spielidee und suchten nach deren Fertigstellung einen Produzenten. Fehlanzeige. Also produzierten sie das Spiel selbst. Doch kaum ein Geschäft wollte das Spiel kaufen. Also zogen sie durch die Läden und kauften ihr eigenes Spiel auf. Das war teuer und nicht lange durchzuhalten. Schließlich standen die Leute kurz vor dem Ende. Sie hatten Grundstücke und Haus verpfändet und obendrein noch 240 000 $ Schulden.

Da erwähnte bei einer Oskarverleihung ein Preisträger vor Millionen Zuschauern am Fernsehen den Namen des Spieles. Und in einem Kinofilm tauchte eine Szene auf, in der *Trivial Persuit* gespielt wurde. Das war der Durchbruch.

Mit einem Mal waren die Leute im Kaufrausch. Und die Produzenten auch. Mittlerweile hat *Trivial Persuit* weltweit mehr als drei Milliarden DM umgesetzt und ist meines Wissens das erfolgreichste Spiel aller Zeiten.

Dies ist ein zugegeben außergewöhnliches Beispiel dafür, wie neue Realität entsteht. Aus einem Traum, aus einer Vorstellung und dem Glauben, daß sich dieser verwirklichen läßt. Zwar werden Träume nicht automatisch wahr, indem wir an sie glauben. Aber umgekehrt funktioniert die Automatik in jedem Fall: Wenn wir nicht an sie glauben, werden sie nicht wahr, denn dann tun wir keinen Schritt in diese Richtung, und alles bleibt, wie es ist.

**So lautet die grundlegende Erkenntnis,
an die Helden sich halten sollten:
Niemand kommt an seinem Ziel an,
der nicht an seine Aufgabe, seine Träume,
seine Ziele glaubt.**

So verhält es sich auch mit dem Ziel »Verwirklichung des individuellen Mythos«. Wenn wir den individuellen Mythos erfüllen wollen, müssen wir an ihn *glauben*.

Der Held zweifelt nicht an seinem Auftrag und Ziel. Er hält es nicht nur für möglich, das Wahlsymbol zu erreichen, sondern glaubt daran, daß *er* es tatsächlich erreichen wird. Er hat Zuversicht und Mut.

Mel Fisher ist der erfolgreichste Schatzsucher der Gegenwart. Der Mann hat so viel Gold und Edelsteine aus der Zeit der spanischen Eroberung Amerikas gefunden, daß er und seine Familie einige hundert Jahre in Saus und Braus davon leben könnten. Daß er trotzdem weitermacht, weist darauf hin, daß es ihm wahrscheinlich weniger ums Geld und mehr ums Abenteuer geht.

Warum tauchen Sie und ich nicht auch nach Schätzen? Warum suchen wir nicht einfach die Reichtümer, die andere verloren haben?

Es gibt lediglich zwei Antworten auf diese Frage: Entweder, weil das unserem individuellen Mythos nicht entspricht – oder weil wir nicht daran glauben! Weil wir nicht glauben, das Geld für dieses Unternehmen zusammenzubekommen, die Mannschaft zu finden, die Plätze zu lokalisieren, an denen Gold liegt, das Glück zu haben, es zu finden, und so weiter.

Mel Fisher suchte fünfzehn Jahre, bis er die ins Auge gefaßte Galeere fand. Der Mann muß wirklich einen starken Glauben gehabt haben und eine fast unerschütterliche Vorstellungskraft. Davon, von der Zuversicht des Mel Fisher und dem Engagement der Erfinder des *Trivial Persuit*, können wir lernen.

Neues glauben – Neues erfahren

Da wir unser Leben in jedem Fall durch Glaubenssätze gestalten, können wir diese Dynamik ebenso umkehren und fragen: Welche Überzeugung müßte ein Mensch haben, damit sich sein Leben entsprechend seinem Lebenstraum verwirklicht? Was müßte ein Mensch glauben, der die Qualität »Selbstbewußtsein« verwirklichen will? Was jemand, der Gelassenheit sucht oder der Verbundenheit herstellen will?

Der Selbstbewußte müßte beispielsweise überzeugt sein: *»Ich bin gut und wertvoll, meine Meinung ist wichtig, niemand steht über mir«* und sich dementsprechend verhalten. Der Gelassene müßte glauben: *»Ich darf die Dinge in Ruhe angehen«* und sich demzufolge die Erlaubnis geben, zu entspannen und zu warten. Der Verbundene wäre überzeugt, daß *»alle Menschen Nähe und Liebe suchen und Liebe möglich ist«*. Er wird sich entsprechend offenbaren und so auf andere treffen, die Gleiches tun.

Menschen, die in der Lage sind, Neues zu glauben, erleben auch etwas Neues. Darum können sie dann sagen: »Es funktioniert tatsächlich.«

Wir können uns beispielsweise Situationen vorstellen, in denen die folgenden Glaubenssätze hilfreich sind, selbst wenn wir jetzt nicht in der Lage wären, ihnen zu glauben:

- *Gott gibt und Gott nimmt*
  wenn wir einen Menschen verloren haben, an dem wir sehr hingen
- *Es gibt keinen Gott*
  wenn wir durch unseren Glauben zu sehr eingeschränkt werden
- *Ich bin liebenswert*
  wenn wir einen Partner suchen

- *Alles, was mir geschieht, hat einen Sinn*
  wenn wir uns Vorgänge nicht erklären können
- *Das Leben ist ein Spiel*
  wenn wir es zu ernst nehmen
- *Das Leben ist eine ernste Angelegenheit*
  wenn wir uns nicht ernst genug nehmen
- *Die Menschen sind auch so, nicht nur gut*
  wenn wir nicht begreifen können, warum Menschen etwas Schreckliches tun.

Selbst ganz entgegengesetzte Überzeugungen können wahr sein.

Was wirklich zählt, ist, wie sich die jeweilige Überzeugung auswirkt, also ob sie in bezug auf den Menschen und seine Ziele einschränkend oder unterstützend wirkt.

Wer beispielsweise Menschen, die ein erstrebenswertes Ziel erreicht haben, nach ihren Glaubenssätzen befragt, wird auf entsprechende, in dieser Hinsicht positive Überzeugungen treffen. Sie beginnen mit Worten wie

- *Ich habe ein Recht ...*
- *Es ist völlig O.K., ... zu sein*
- *Ich kann ...*
- *Ich darf ...*
  oder ähnlichen.

Neues glauben macht Neues möglich. Ich kenne jemanden, der sehr vielseitig ist. Die Menschen seiner Umgebung bewundern ihn dafür. Er selbst sagt:

»Ich verstehe gar nicht, worüber die Leute sich wundern. Man kann doch fast alles lernen; und ich lerne, was mich interessiert.«

Der Glaubenssatz dieses Mannes lautet:»Man kann fast alles lernen«; und auf der Grundlage einer solchen Überzeugung sind tatsächlich viele Dinge möglich.

Vor kurzem sah ich im Fernsehen eine Sendung mit versteckter Kamera. Dort wurden fünf Frauen vor die gleiche Aufgabe gestellt. Sie sollten einen Job als Sekretärin beginnen und am ersten Tag zur Probe arbeiten. Nach Arbeitsbeginn bekam der Chef Besuch von einer leichtbekleideten Dame. Er öffnete die Tür, um seiner Sekretärin mitzuteilen, daß er von niemandem und unter keinen Umständen gestört werden wolle. Dabei trug er sein Hemd offen, und es war offensichtlich, daß hinter der Tür eine intime Begegnung stattfinden sollte. Der Chef schloß die Tür, und zu einer anderen Tür kam eine Frau herein. Sie sagte: »*Ich bin die Frau vom Chef und muß dringend meinen Mann sprechen.*«

So weit die gestellte Szene. Die Situation war spannend. Wie würden die fünf Sekretärinnen sich verhalten? Was würde ich selbst in einer solchen Situation tun? Was *kann man* überhaupt alles tun?

Eine Sekretärin fing zu stottern an und ließ die Ehefrau verdutzt passieren. Die zweite stellte sich vor die Tür, versperrte der Ehefrau den Zugang und beharrte auf der Anweisung des Chefs. Die dritte lehnte sich entspannt zurück und ließ die Situation interessiert ablaufen. Die vierte verwickelte die Ehefrau in eine Diskussion. Die fünfte schließlich simulierte einen Herzanfall und ließ sich von der Ehefrau zum Arzt begleiten.

Es war interessant und verblüffend, so viele unterschiedliche Arten anzusehen, mit der gleichen Situation umzugehen. Wenn man bedenkt, daß der Vorgang den Sekretärinnen real erschien, schoß der Herzanfall den Vogel ab. Sicher verblüffte es mich, weil es außerhalb meiner eigenen Vorstellung lag, selbst so etwas zu tun. Und doch zeigte es auf eindrucksvolle Weise, was möglich ist. Es würden wahrscheinlich noch hundert weitere Verhaltensmöglichkeiten auftauchen, wenn wir danach suchten.

Vom Traum zur Realisation

Glücklich sind diejenigen, die Neues glauben können. Durch ihre außergewöhnlichen Überzeugungen und ungewöhnlichen Taten werden sie zu Vorbildern. Aber was nützt das beste Vorbild, wenn *ich* über seine Glaubenskraft nicht verfüge? Wie gelange *ich* an die richtigen, die sinnvollen, die dem individuellen Mythos entsprechenden Überzeugungen? Wie kann *ich* etwas glauben, das ich nicht glaube?

Es wäre in der Tat sinnlos, sich Überzeugungen einreden zu wollen. Man kann seinem Ich nicht verordnen, etwas anderes zu glauben als das, was es bereits glaubt und was es jeden Tag mehr oder weniger »erfolgreich« anwendet. Das Normalbewußtsein hat auch kein Bedürfnis, etwas Neues zu glauben, denn seine Aufgabe besteht ja darin, die Normalität aufrechtzuerhalten.

Wir können einem Menschen zwar sagen: »*Du kannst das! Du bist einzigartig!*« doch sein Ich wird das nicht annehmen. Wie aber kommt der Mensch dann zu neuen Überzeugungen?

Er hat sie bereits! Er sagt zwar: »Ich kann das nicht glauben«, aber er hat ja den Traum geträumt. Er braucht sich nur die einfache Frage zu stellen: »Wenn ich es nicht glaube, wer träumt dann den Traum des individuellen Mythos? Wer hat die Fahne in seiner Hand? Wer ist aufgebrochen, das Neue zu suchen? Bin das nicht ich? Ist das nicht auch ein Teil von mir?«

Bei der Suche nach neuen Überzeugungen müssen wir uns an den Helden wenden, an die Traumfigur aus der Zukunft. Dann machen wir die überraschende Entdeckung, daß wir das Neue tatsächlich bereits glauben. Wir verfügen über erweiterte Glaubenssätze, sie sind lediglich noch nicht in unser Bewußtsein vorgedrungen. Sie sind noch nicht Teil des Ich, sondern des Unbewußten.

Wenn wir also fragen: »*Was glaubt der Mensch, der diesen Namen trägt? Was glaubt der Held?*« dann präsentiert das Unbewußte die individuell richtigen Glaubenssätze, die wir zur Gestaltung neuer Lebenserfahrungen brauchen.

**Wir sollten auch bewußt das glauben,
wir wir unbewußt jetzt schon glauben.
Glaubten wir es nicht bereits,
dann könnten wir auch nicht davon träumen!**

Der Traum transportiert die unbewußte Information an den Rand des Bewußtseins. Das ist eine Funktion von Träumen. Nun können wir damit beginnen, sie in das Ich aufzunehmen.

»Ja, vielleicht wäre es möglich! Irgendwo glaube ich es, sonst könnte ich es nicht träumen. Es wäre gut, wenn ich daran glauben könnte! Ja, ich glaube, es ist tatsächlich möglich.«

Somit zeigen Träume unser tatsächliches Potential. Durch sie rückt das Neue näher, das, was wir bisher für unmöglich hielten. Dabei handelt es sich nicht um ein theoretisches Potential, das jeder Mensch haben mag, sondern um ein ganz konkretes, individuelles, naheliegendes Potential, denn es stammt aus ganz individuellen Träumen.

Warum eigentlich nicht?

Der Held träumt Neues. Er öffnet die Phantasie, die Vorstellung des Menschen und macht damit erste Schritte in Richtung Realisierung des individuellen Mythos, denn ohne diese Öffnung der Vorstellung kann die entsprechende Handlung nicht folgen.

**Wenn sich am Rande des Bewußtseins
träumend eine Möglichkeit kristallisiert,
taucht eine faszinierende Frage auf.
Sie lautet:** *»Warum eigentlich nicht ...?«*

Es ist dies ein Schlüsselmoment, in dem alte Glaubenssätze ins Wanken geraten, weil neue Überzeugungen ihren Platz beanspruchen.

Warum eigentlich sollte jemand, der sich darstellen möchte, nicht in eine Theatergruppe eintreten, eine eigene gründen, solo auftreten oder eine Schauspielschule besuchen? Warum eigentlich sollte jemand, der von der Ferne träumt, nicht in ein anderes Land gehen? Warum eigentlich sollte jemand nicht einen anderen Beruf lernen, der ihm mehr Freude bereitet?

Es gibt so viele Möglichkeiten zu leben. Wer um die Welt reist, kann einige davon beobachten. Während der Leser an einer bestimmten Stelle sitzt, geschehen auf der Erde Tausende und Millionen verschiedene Dinge. Was ist Realität? Das, wofür wir uns entscheiden. Gleich, ob freiwillig oder unfreiwillig, gleich, ob bewußt oder unbewußt.

Warum also sollten wir nicht ... unseren Träumen folgen?

Weil uns etwas davon abhält. Weil sich etwas gegen den Traum stellt! Etwas, das wir ebensowenig kontrollieren können wie unsere Träume.

Dämonen

»Warum eigentlich sollte ich nicht ...«, spricht der Held. Er will wahrhaft Großes tun. Er will den individuellen Mythos verwirklichen. Er sammelt seinen Mut und seine Entschlossenheit und … zögert. Unsicherheit breitet sich aus. Er bleibt stehen. Er überlegt es sich noch einmal.

Beim Versuch, Neues zu tun, gelangt er an eine Grenze, eine Schwelle, ein Hindernis. Hier tauchen Einwände, Befürchtungen, Bedenken, Ahnungen, Beklemmungen, kurzum, Ängste in ihren unterschiedlichsten Erscheinungsformen auf. Der Held begegnet den Dämonen.

Damit teilt er das Schicksal aller Helden aller Mythen aller Zeiten und aller Völker. Wer mutig ist, begegnet seiner Angst.

**Wer Heldentaten vollbringen will, lockt damit die
Dämonen der Angst aus ihren Höhlen!**

Dämonen sind starke Kontrahenten. Sie haben eine Antwort auf die Frage: »Warum eigentlich nicht...?« Die Antwort lautet: *»Sonst ...!«*

- Sie wollen dem Chef die Meinung sagen, aber der Dämon warnt: »Paß dich lieber an, *sonst* fliegst du raus!«
- Sie wollen sich vom Partner etwas Unerträgliches nicht mehr gefallen lassen und erwägen eine Trennung, doch der Dämon gibt zu bedenken, »wie schwer es ist, einen anderen Partner zu finden«, und überredet Sie auszuhalten, »sonst wirst du allein bleiben«.
- Sie wollen Schritte aus der Einsamkeit tun und andere Menschen kennenlernen, aber der Dämon orakelt, das wäre »ein Zeichen der Schwäche, laß es sein, *sonst* bist du am Ende bloß blamiert«.

Dämonen berufen sich auf alte Erfahrungen und auf bewährte Glaubenssätze. Sie bewegen sich damit auf sicherem Terrain, und wenn wir ihnen folgen, fühlen wir uns auch sicher.

Eine junge Frau, die sich in der Ausbildung zur Sängerin befand, bekam das überraschende Angebot, zusammen mit einem bekannten Sänger aufzutreten. Die Frau lehnte ab. Sie glaubte, nicht gut genug zu sein. Sie hatte, im Gegensatz zu dem Sänger, kein Vertrauen in ihre Fähigkeiten. Sie erlag der Angst vor Versagen. Es war leichter und vertrauter zu verzichten als zu wagen.

Erinnern wir uns an dieser Stelle an die grundsätzliche Erkenntnis, daß Realität träumend, durch die Kraft unserer Phantasien und Visionen entsteht. Und halten wir uns vor Augen, daß auch Angst ein Traum, eine Vor-stellung, eine Vor-aussage ist.

Es spielt keine Rolle,
welcher Qualität unsere Träume sind.
Auch dunkle Träume werden wahr.

Dämonen verfügen über ein breites Repertoire an Möglichkeiten. Sie sind geschickte Redner, können hervorragend Angstträume produzieren und auch unangenehme Gefühle entstehen lassen. Ihre Fähigkeiten bestehen im Einreden, Ausmalen oder Fühlen-Lassen von negativen Konsequenzen.

Ausmalen – Dämonenbilder

Vor einiger Zeit half mir ein Bekannter dabei, junge Hühner mit Ringen zu markieren. Dafür ist es notwendig, die Hühner an den Füßen zu packen und festzuhalten. Der Besuch traute sich nicht, das zu tun, weil er Angst hatte, die Hühner würden ihn in den Finger picken. Nun hielt ich die

Hühner in der Hand, und es war offensichtlich, daß sie keinesfalls pickten. Trotzdem blieb mein Besuch von der Vorstellung gelähmt, die Hühner würden zwar nicht mich, aber ganz sicher ihn picken. Der Dämon hielt ihm das Bild des pickenden Huhns vor und drohte: »Du wirst schon sehen, was passieren wird!«

Dieses Beispiel ist gewiß nicht gravierend, aber es zeigt, daß Vorstellungen selbst eine unmittelbar vor Augen liegende Realität überdecken können.

Einreden – Dämonengeflüster

Einer meiner Klienten verschwieg seiner Ehefrau wichtige finanzielle Dinge und litt unter dieser Belastung. Einerseits wollte er sich mitteilen, aber auf der anderen Seite stand der Dämon und flüsterte: »*Warum solltest du ihr die Wahrheit sagen, du versetzt sie doch nur in Angst. Schwindle ruhig weiter, sonst ... wird die Beziehung in die Brüche gehen.*« Sein Dämon überredete ihn zum Schweigen.

Dämonen können finstere und einschränkende Gedanken heraufbeschwören. Damit sind ihre Möglichkeiten aber noch nicht erschöpft.

Fühlen lassen – Dämonenmacht über den Körper

Jemand anderes möchte Abenteuer erleben und eine Weltreise machen, aber wenn er sich in diesen Traum vertieft, bekommt er ein flaues Gefühl im Magen und Herzklopfen. »*Ich kann dann nicht bei meinen Plänen bleiben. Aber später ist ja noch Zeit genug.*«

Wie man sieht, können Dämonen selbst unangenehme Gefühle entstehen oder sogar den Körper erzittern lassen. Denken wir nur an die Angst in der Eifersucht und an die körperlichen Begleiterscheinungen dieses Zustandes.

Tu es nicht, sonst ...! Dämonen drohen. Sie drohen mit Konsequenzen und beweisen mit Lebenserfahrung; und damit fahren sie schweres Geschütz auf. Wenn sie so überzeugend auftreten, sind wir bereit, ihnen zu glauben, schließlich haben wir es ja schon x-mal erlebt oder an anderen Menschen gesehen.

Angst ist tatsächlich eine große Kraft – denn sie verfügt über die ganze Macht der Vergangenheit. *»Du weißt doch, wie es ausgehen wird! Du hast es doch schon oft erlebt! Laß es lieber bleiben, sonst ...!«*

Den frühen Vogel fängt die Katze ... Schuster bleib bei deinen Leisten ... Wer zu hoch hinaus will, fällt tief ... Lieber den Spatz in der Hand als die Taube auf dem Dach ... Wer könnte die Wahrheit solcher Aussagen bestreiten?

Zwänge und Enge

Die Folgen der Dämonentaten, die Folgen unserer Ängste liegen in den Zwängen unseres Lebens. Und wozu fühlen wir uns nicht alles gezwungen!

- *»Ich* **muß** *ja schließlich arbeiten gehen, ob ich will oder nicht. Ich muß diese verflixte Arbeit machen, sonst ... werde ich verhungern.«* Aber Millionen Menschen arbeiten nicht und verhungern trotzdem nicht.
- *»Man kann nicht tun, was man will. Man* **muß** *immer Kompromisse machen, sonst ... wird man von den Leuten gemieden.«* Aber es gibt auch Menschen, die keine faulen Kompromisse machen und trotzdem oder gerade deshalb Freunde haben.
- *»Das Leben ist kein Vergnügen. Man* **muß** *sich anstrengen, sonst ... bringt man es zu nichts.«* Aber wieso muß man es zu etwas bringen? Andere sind auch ohne sichtbaren Erfolg glücklich.
- *»Jeder ist sich selbst der Nächste. Du* **mußt** *andere reinlegen, sonst*

... legen sie dich rein.« Aber es gibt auch Menschen, die einander vertrauen und sich nicht betrügen.

Zwänge sind Einbahnstraßen. Sie machen uns vor, es gebe nur diese eine Möglichkeit, aber das ist nicht wirklich so. Es ist höchstens für uns so. Wenn wir auf unsere Ängste hören, wenn wir den Dämonen glauben, dann wird das Leben eng.

Wenn Menschen entdecken, auf welch negativen Glaubenssätzen und auf welchen Dämonentaten ihr Leben ganz oder teilweise beruht, sind sie erstaunt oder manchmal auch schockiert.

»Mein ganzes Leben war eine einzige Anpassung. Als junger Mann habe ich geglaubt, man müsse erst mal zehn oder fünfzehn Jahre im Unternehmen arbeiten, fleißig sein, dürfe keinen Ärger machen, sonst hätte man keine Chance, die Leiter hochzukommen. Also habe ich das getan.

In meiner Ehe habe ich geglaubt, man müsse die Bedürfnisse der Frau erfüllen, um sie nicht zu verlieren. Also habe ich das versucht. Jetzt wird mir klar, daß dies nur Ideen waren, nicht die Wahrheit, wie ich damals glaubte.

Ich würde gern wissen, was aus meinem Leben geworden wäre, wenn ich andere Dinge geglaubt hätte.«

Dämonengeleit – ein fragwürdiger Schutz

Dämonen tun alles, um Helden von ihrem Ziel abzubringen. Halten wir uns jedoch vor Augen, daß auch sie nicht aus Vergnügen oder Langeweile negative Einstellungen erfinden.

Dämonen sind keine schlechten Kerle. Sie wollen uns lediglich vor Schlimmerem bewahren. Sie haben ihre eigenen, negativen Glaubenssätze und glauben fest daran. Sie haben ihre eigenen Überzeugungen und halten diese für richtig. Sie glauben, daß die Folgen einer Heldentat schlimmer sind als die Folgen, wenn wir verzichten. Das ist der Sinn ihrer Warnungen.

»Abgewiesen zu werden ist schlimmer als Alleinsein!« ruft der Dämon und hält uns ab, auf jemanden zuzugehen. Warum? *»Weil es weh tut, und das mit Sicherheit, denn du wirst auf jeden Fall abgewiesen werden!«*

»Den Arbeitsplatz zu verlieren, ist schlimm. Also paß dich an. Das ist weniger schlimm!« Warum? *»Weil du so einen sicheren Arbeitsplatz nie wieder findest!«*

Dämonen wollen uns also beschützen, und sie greifen dabei auf Erfahrungen zurück. Aber alle Erfahrungen gehören zur Vergangenheit und sind in der Lage, die Zukunft zu blockieren.

> **Die Absichten der Dämonen sind positiv,**
> **doch die Folgen ihrer Taten sind immer dann,**
> **wenn es um das Neue geht, negativ.**
> **Sie erhalten die Vergangenheit**
> **und verhindern damit das Leben.**

Dämonen wollen uns behüten, aber sie legen uns fest und sperren uns ein. Sie machen das Leben eng. Sie machen es uns schwer. Aber sie stehen dort an der Grenze, sind Hüter der Schwelle und lassen sich nicht einfach verscheuchen. Sie warten auf uns. Wir müssen uns ihnen stellen.

Kein Held hat je sein Ziel erreicht, ohne die Begegnung mit seinen Ängsten zu bestehen. Wie sonst sollte er stark werden? Wie sonst sollte er lernen, was er zu lernen hatte? Wer die Königstochter haben will, muß mit dem Drachen kämpfen. Wer den Stein der Weisen sucht, muß die Wüste durchqueren. Wer das Heer führen will, muß im Kampf seine Stärke beweisen.

Vom Besiegen der Dämonen

Dämonen bauen eine Grenze vor der Zukunft auf, die nicht leicht zu überwinden ist.

An dieser Grenze nutzen sie alle ihre Möglichkeiten, um den Helden zu Aufgabe und Umkehr zu bewegen. Sie halten hin, halten ab, zögern, verzögern, verhindern, zerreden, machen mies, säen Zweifel, argumentieren, verwirren, rauben die Konzentration, lähmen, nehmen die Lust, malen schwarz, machen schlechte Gefühle.

Wir haben eine Idee – und bekommen ein mulmiges Gefühl. Die Idee ist vergessen. Wir haben einen Impuls – und erhalten einen gedanklichen Einwand. Der Impuls ist erstorben. Wir fassen einen Entschluß – und träumen negative Konsequenzen. Schon zweifeln wir und geben auf.

Zumeist bemerken wir gar nicht, was an der Grenze geschieht. Ein Mann erzählt von seinen Erlebnissen auf einer Fachtagung.

»Hingefahren bin ich voller Schwung und mit der Absicht, mit Kollegen regen Austausch zu haben. Aber als ich da war, fühlte ich mich irgendwie außenstehend. Ich habe mich dann vorwiegend in Großveranstaltungen aufgehalten oder auf dem Hotelzimmer.«

»Warum eigentlich?« wollte ich wissen.

»Keine Ahnung, es ist so passiert.«

So arbeiten Dämonen – am besten undercover. Der Mann wußte nicht einmal, was ihn hemmte. Er hatte bloß ein unangenehmes Gefühl und ist deshalb den von ihm eigentlich erwünschten Begegnungen aus dem Wege gegangen. Vielleicht dachte er: »Die anderen wissen mehr als ich. Was soll ich zu der Diskussion schon beitragen?« oder: »Die anderen sind besser als ich.«

Eine Frau ist mit ihrem Leben unzufrieden, mit ihren Freunden, ihrer Wohnung, ihrem Partner, ihrem Job. Doch sobald sie einen Anlauf nimmt, etwas zu verändern, stoppt sie. Dann sagt sie Dinge wie: *»Es ist doch gar nicht so schlimm. Eigentlich geht es mir doch gut. Ich habe doch alles.«*

Der Name des Dämons

Um Licht in die Vorgänge an der Grenze zu bringen, kann es hilfreich sein, dem Dämon einen Namen zu verleihen. Das macht ihn deutlicher. Die Frau aus dem Beispiel oben gibt ihrem Dämon den Namen »Beschwichtiger«. Aufgrund ihres Sprachgebrauches könnte man ihn auch »Eigentlich« nennen, denn *»eigentlich* geht es mir gut – *eigentlich* ist alles nicht so schlimm – *eigentlich* sind meine Freunde doch in Ordnung – *eigentlich* ist die Wohnung doch schön ...« Andere und oft auftauchende Namen für Dämonen sind:
  - **der Miesmacher** – wenn eine gute Idee gleich schlechtgemacht wird,
  - **die Brave/Nette** – wenn sie Konflikte vermeiden will, um geliebt zu werden,
  - **der Leugner** – wenn alles »nicht so wichtig ist«, wie es wirklich ist,
  - **die Angst** – wenn man sich partout nicht traut,
  - **der Schläger** – wenn man aus Angst andere bedroht,
  - **die Starre** – wenn sie bewegungslos wird,
  - **die Schuld** – wenn man sich für schlecht hält,
  - **der Tod** – wenn die Angst das Leben erstickt,
  - und tausend andere.

Mit den Dämonen*namen* verhält es sich wie mit den Helden*namen*. Sie sind individuell und erhalten ihren *Namen* aus ihren besonderen Fähigkeiten heraus. Was können sie? Was können sie besonders gut? Stillhalten? Aushalten? Durchhalten? Weglaufen? Drohen? Zerreden?

Wo sich das Leben entscheidet

Die Grenze ist ein interessanter Bereich. Hier können wir entdecken, was wir tief innen glauben – manchmal ohne es zu wissen. *»Ich bin häßlich – nichts wert – unbedeutend ...«*

Die Grenze verläuft in unserem Inneren, quer durch Gedanken, Gefühle und Phantasien. Deshalb findet die Auseinandersetzung zwischen Held und Dämon auch hier statt.

Es gibt keinen Weg um die Grenze herum. Hier findet die Auseinandersetzung zwischen Lusttraum und Angsttraum, zwischen heller und dunkler Vision, zwischen Zukunft und Vergangenheit statt.

**Somit ist die Grenze der Ort,
an dem sich unser Leben jetzt und immer wieder
entscheiden wird.**

Kehren wir um? Geben wir auf? Oder bestehen wir die Auseinandersetzung? Schauen wir der Angst ins Gesicht? Trauen wir uns, sie zu fühlen? Erkennen wir unsere Dämonen?

Den Dämon besiegen

»How do I slay the dragon in me?« fragt Bill Moyers den Mythenforscher Joseph Campbell.

»Follow your bliss«[1], ist dessen Antwort.

Wie besiege ich den Drachen? Folge deiner Erfüllung! Und was ganz genau ist meine Erfüllung?

»What is it that makes you happy?« »Stay with it, no matter what people tell you. This is what I call, following your bliss.«[2]

Was macht dich glücklich? Bleib dabei, egal, was andere sagen. Das ist Erfüllung.

---

1 Aus: the power of myth, USA 1988
2 Ebenda

Campbell hat die Mythen der unterschiedlichsten Völker erforscht und erkannt, daß sie alle auf den gleichen Strukturen beruhen. Sie beschreiben, wie Veränderung und Erweiterung im Leben der Menschen geschieht. Indem die Angst besiegt wird.

Dämonen – das sind in den meisten Fällen »die anderen« in unserem Inneren. Das sind die Überzeugungen und Glaubenssätze der anderen, die uns festlegen und die uns angst machen, wenn wir aus der Reihe tanzen. Wir sollten uns ihnen stellen, den Mut zu Neuem finden und so den Dämon der Angst besiegen.

Wenn die Helden unserer Märchen und Mythen um die Hand der schönen Königstochter anhalten, müssen sie beweisen, daß sie es wert sind, dieses Juwel zu erhalten. Sie müssen hinaus in die Fremde und den Dämonen begegnen, den Zauberern, den Drachen, den Ungeheuern. Sie müssen ihren Ängsten gegenübertreten und sich in der Auseinandersetzung mit ihnen bewähren.

Warum sollten wir es leichter haben?

Sie wollen etwas Neues? Holen Sie es sich! Sie wollen den Schatz besitzen? Dann gehen Sie in die Höhle und besiegen Sie den Drachen!

Denn eines steht fest: Geschenkt bekommen wir das Neue nicht.

Sich bewähren

Wir sind aufgebrochen, den individuellen Mythos zu realisieren, und kennen nun die Herausforderung. Sie bedeutet: Hemmungen, Zwängen und Ängsten zu begegnen und in dieser Auseinandersetzung zu bestehen.

Doch Mut allein reicht nicht. Nur Mut bringt den Helden nicht an sein Ziel. Er muß außerdem Ausdauer entwickeln, denn nur wer nicht vorzeitig aufgibt, kommt an.

Ausdauer

Wie entwickelt man Ausdauer? Das ist ohne Zweifel eine Frage der Übung. Mythische Helden erwerben sie, indem sie viele kleine Abenteuer bestehen, bevor sie große Abenteuer wagen. Glücklicherweise gibt uns das Leben genügend Gelegenheiten, Ausdauer zu entwickeln, denn auch wenn wir die eine oder andere Heldentat vollbringen – es wird nicht gleich alles anders.

Wir machen nicht einen einzigen Sprung und sind dann für immer am Ziel. Zu groß ist die Macht der negativen Glaubenssätze, zu groß der Bann der Vergangenheit, zu verworren die Verstrickungen in die verschiedenen Lebensbereiche, zu gefestigt ist die Macht der Gewohnheit, zu heftig sind unsere Ängste, um sie einfach abzuschütteln.

Natürlich haben wir die Sehnsucht, einfach und schnell am Ziel unseres individuellen Mythos zu landen.

Diese Sehnsucht steht ja hinter der Fixierung auf die Ausgangssymbole. Diese Dinge sollen es für uns tun!

In der Tat lassen sich äußere Symbole mitunter recht plötzlich realisieren. Beispielsweise könnte mir jemand ein Auto schenken. Aber er kann mir damit keine Gelassenheit schenken. Dinge lassen sich kaufen oder verschenken, Zustände jedoch nicht.

Wir dürfen nicht vergessen, daß es sich beim individuellen Mythos um eine Lebens*qualität,* einen Lebens*zustand* handelt, nicht um einen Gegenstand. Eine solche Qualität muß entwickelt werden. Wir könnten gar nicht mit ihr umgehen, stünde sie uns plötzlich und unerwartet zur Verfügung.

Ein Mensch beispielsweise, der Jahrzehnte in Druck und Hektik lebte, muß Entspannung regelrecht lernen. Bringen wir ihn unvermittelt in eine Situation der Ruhe, indem wir ihn an den Strand legen oder auf einer einsamen Insel absetzen, wird er sich dagegen wehren. Er wird sagen: *»Das ist langweilig«,* oder: *»Das ist unerträglich, hier ist nichts los.«* Er wird sich in dem Zustand Ruhe nicht zurechtfinden, nervös zappeln, unruhig hin- und herrutschen, gähnen und sich nach einer Tätigkeit umsehen.

Ruhe kann in der Tat fürchterlich sein. Wenn es im Inneren lärmt, wird äußerliche Ruhe zur Provokation, denn jetzt wird die innere Anspannung bewußt.

Wenn sich jemand bisher zurücknahm und nun den Mythos der Selbstbewußtheit verwirklichen will, hat er an vielen Fronten zu kämpfen. Er wird sich beispielsweise gegen aufdringliche Freunde, ungerechte Partner, willkürliche Vorgesetzte, genervte Kassiererinnen im Kaufhaus, Kellner mit kalter Suppe und vieles mehr behaupten müssen. Er wird also sein Selbstbewußtsein erst entwickeln und trainieren müssen.

Vom Lernen des Lebens

Erstaunlich oft begegnet mir in Seminaren ein Lebensplan der folgenden Art: »*Wenn ich erst einmal pensioniert bin, dann kann ich tun, was ich will.*«

Diese Menschen vergessen, daß sie fünfzig Jahre lang lernten zu tun, was sie nicht wollten. Sie werden feststellen, daß es nicht einfach ist, zu tun, was man will, wenn man das Gegenteil gelernt hat. Sie werden feststellen, daß sie lernen müssen, ihren Willen und ihre Lust zu entdecken und ihnen zu folgen.

Wir können andere Zustände weder kaufen wie Schuhe noch nach Belieben wechseln wie Hemden.
Wir müssen den gesuchten Zustand erlernen.

Lernen ist ein ärgerliches Wort. Lernen macht sauer. Ich erinnere mich an eine Frau, die Probleme in der Partnerschaft hatte, weil sie ihre Bedürfnisse nicht mitteilen konnte. Wir arbeiteten an diesem Thema, und mit meiner Hilfe gelang es ihr recht gut, sich mitzuteilen. *»Aber wie mache ich das zu Hause?«* wollte sie wissen. *»Sie müssen es lernen«*, antwortete ich. Die Frau wurde daraufhin ärgerlich, und ich konnte sie verstehen.

Wenn ich Seminare in Konfliktmanagement gebe, begegne ich dem gleichen Phänomen. Die Leute arbeiten seit vielen Jahren im Betrieb, und natürlich entstehen eine Menge Konflikte. Nun kommen sie in das Seminar, und etwa sechzig Prozent der Teilnehmer erwarten, daß nach drei Tagen alle ihre Konflikte gelöst sind. Sie wollen Konfliktlösung *können*, aber sie wollen sie nicht *lernen*.

Wir wollen es uns bequem machen. Wir wollen den Weg durch die Grenze nicht selbst gehen. Deshalb sind wir so anfällig für die Schlepper des Alltags, für die Gurus jeder Couleur, die versprechen, uns über die Grenze zu bringen.

Ihre Versprechen lauten: »Ich tue es für dich.«

- *Wähle mich – ich erfülle deine Träume,*
  ruft der Politguru.
- *Lege dein Geld bei mir an – ich mache mehr aus deinen Träumen,*
  verheißt der Bankguru.
- *Kauf mich – ich mache dich zufrieden,*
  verspricht die Ware.
- *Komm zu mir, ich zeige dir den Weg zu Gott,*
  beschwört der Priester.
- *Komm zu mir – ich mache dich ganz,*
  behauptet der Therapieguru.

All diese Leute leben von unserer Trägheit und unserer Hoffnung, auf billige Weise an unser Ziel zu kommen. Denn sie versprechen, für uns zu tun, was wir eigentlich selbst tun müßten – und was wir lernen müßten.

Doch kaum jemand will sein Leben lernen. Wir wollen es können. Wenn es um eine Sprache geht, sehen wir die Notwendigkeit des Lernens ein. Niemand kann im Handumdrehen perfekt Spanisch oder Russisch. Niemand geht ganz schnell mit dem Computer um, und niemand wird nebenbei Mediziner oder Handwerker.

Über Grenzen hinweg

Die Träume in unseren Ausgangssymbolen haben eine sehr wichtige und faszinierende Eigenschaft: Sie heben uns über die Begrenzungen des Alltags, über die Grenzen des normalen Ich und des normalen Lebens hinaus. Sie sind quasi Freiflüge in das Land der Möglichkeiten.

Aber das Flugzeug landet wieder auf dem gleichen Boden, von dem aus es startete; und damit liegt die Grenze wieder vor uns. Wir müssen den Weg, der uns hinüberbringt, selbst finden.

Die Grenze ist ein nicht leicht zu überwindendes Hindernis, und darin liegt ein Sinn. Denn der Wächter der Grenze, der Dämon, hindert uns durch seine Angst daran, leichtfertig zu sein.

Er zwingt uns zur Auseinandersetzung mit unseren Zielen und hält uns damit auf dem Boden. Wäre an der Grenze alles ganz einfach, wäre auch die Gefahr groß, abzuheben. Was würden wir alles aufs Spiel setzen, wenn es keine Angst gäbe! Unsere Beziehungen, weil wir eben mal Lust auf einen Seitensprung haben. Oder sogar unser Leben, weil wir gerade mal Lust auf einen Nervenkitzel haben.

Wenn wir die Grenze überschreiten, dann soll es sich auch lohnen, dann soll es sich auch um etwas Wichtiges handeln. Dafür sorgt der Dämon, denn nur, wenn wir ihn besiegen, wird die Grenze passierbar.

Betrachten wir die Grenze also folgendermaßen:
Alle unsere Schwierigkeiten und Probleme,
all unsere Hemmungen und Ängste
sind nichts anderes als Lernsituationen.

Glücklicherweise stehen wir »zufällig« fast immer vor den richtigen Lernsituationen.

– Wer Selbstbewußtsein lernen will, hat mit Sicherheit einige Menschen in seiner Nähe, die ihn nicht respektieren. An ihnen kann er üben.
– Wer Entspanntheit lernen will, hat mit Sicherheit ständig etwas zu tun oder trifft dauernd auf Erwartungen anderer, etwas für sie zu tun. Hier bekommt er die Gelegenheit, sich abzugrenzen.
– Wer lernen will, zu lieben, ist ganz bestimmt von Menschen umgeben, die kalt und unnahbar erscheinen. Er kann lernen, Wärme in diese Beziehungen hineinzubringen oder fortzugehen.
– Wer sich darüber beklagt, einen Partner zu haben, der ihn unterdrückt, könnte statt dessen lernen, sich durchzusetzen.

Anstatt uns zu beschweren oder zu klagen, könnten wir die Herausforderung in diesen Situationen erkennen und annehmen. Das ist eine der magischen Seiten des Alltags: Wir bekommen das Schwierige so lange aufs Brot geschmiert, bis wir es endlich gelernt haben. So entwickeln wir Ausdauer.

Wenn ich den Begriff »lernen« benutze, spreche ich jedoch nicht vom Lernen an Schulen und Universitäten, nicht von fremdbestimmtem Lernen. Ich meine das Lernen aus einem inneren Drang, aus der Sehnsucht des individuellen Mythos heraus. Dieses individuelle Lernen bringt Freude und Erfüllung mit sich.

Denn niemand lernt etwas wirklich gut, das ihm keine Freude bereitet. Niemand hält lange durch, was ihm keinen Spaß macht. Betrachten wir das Wort »lernen« also in seinem positiven Sinn. Als Erweiterung und nicht als Zwang.

Woher aber kommt in bezug auf das Lernen der Heldenaufgabe die Freude? Aus ihrer Erfüllung!

Das klingt paradox, denn wir haben die gesuchte Lebensqualität ja noch nicht verwirklicht. Aber es steckt eine tiefe Weisheit darin. Die Weisheit, daß die Zukunft entweder im nächsten Schritt beginnt – oder sie beginnt nicht.

Unterwegs sein

Auf dem Weg durch das Leben sind wir auf der Suche nach Erfüllung. Aufgaben und Ziele mögen auf diesem Weg wechseln, aber die innere Auseinandersetzung zwischen dem Neuen und dem Alten, zwischen Traum und Wirklichkeit begleitet unser gesamtes Leben. Das Ringen von Held und Dämon ist das Ringen um die richtige Entscheidung, um die dem Menschen gerechte Tat.

Wir werden uns also immer wieder entscheiden müssen. Im Grunde können wir das Leben als eine unendliche Folge von Entscheidungen, sich daraus ergebenden Handlungen und daraus entstehenden Konsequenzen ansehen, als eine ständige Suche nach Annäherung an den individuellen Mythos.

Es kommt also (fast) alles auf die richtige Entscheidung an. Hilfreich dabei sind:
– das Wählen der Richtung,
– die Entscheidung dem Helden überlassen,
– wach mit der Entscheidung leben.

Vor der Entscheidung – das Wählen der Richtung

Vor kurzem besuchte ich Freunde, um mit ihnen gemeinsam ein erholsames Wochenende an der Ostsee zu verbringen, und geriet in deren Reisevorbereitungen. Zuerst stopften sie kistenweise Lebensmittel und Kleider ins Auto. Dazu kamen Surfanzüge, Luftmatratzen und allerhand Zubehör. Sie zurrten zwei Surfbretter mit Segel oben auf dem Wagen fest. Und schließlich wurden noch Fahrräder hinten am Wagen angebracht. Die gesamte Aktion dauerte knapp drei Stunden, weil vorher noch die jeweiligen Gepäckträger montiert werden mußten und es teilweise heftige Wortgefechte über die beste Art des Packens gab.

Der anschließende Kurzurlaub sah etwa folgendermaßen aus: einpacken, fahren, auspacken. Schnell ein bißchen surfen, essen, Fahrrad fahren. Nachts alles wieder ans Auto montieren, damit nichts gestohlen wird. Morgens alles wieder abmontieren, schnell noch etwas surfen, kochen, schwimmen. Dann in Eile einpacken und fix nach Hause fahren, denn sonst kommt man in den Stau.

Das Ziel lautete Entspannung, aber der Weg war Streß. Hier stimmte etwas nicht überein. Der tatsächlich gewählte Weg führte nicht in Richtung Entspannung, sondern in Richtung Anspannung. Jetzt hektisch sein und nachher am Meer ganz entspannt sein, ist kaum möglich. Man kann nicht »schnell noch entspannen« oder sich »in aller Eile Ruhe gönnen«. Auf diesem Weg war das Ziel also nicht zu erreichen. Die Richtung war falsch.

Wenn Sie von Hamburg nach München wandern und keine Karte zu Verfügung haben – wer hat schon eine Karte von seinem Leben? –, müssen Sie die Richtung kennen. Wenn die Richtung nicht stimmt, kommen Sie nicht an. In der falschen Richtung landen Sie in Istanbul oder Oslo, aber nicht in München. Wenn Sie aber die Richtung kennen, werden Sie sich an der Sonne orientieren. Zwar werden Sie diese Richtung nicht völlig geradlinig einhalten können, aber mit Mut und Ausdauer und kleinen Umwegen kommen Sie schließlich in München an.

**Wenn die Richtung nicht stimmt,
erreichen wir zwar möglicherweise das Ausgangssymbol,
aber nicht die gesuchte Lebensqualität.**

Im obigen Beispiel vom Urlaubswochenende bestand das Ausgangssymbol aus der Idee »ans Meer fahren«, und die gesuchte Qualität lautete »Entspannung«. Verwirklicht wurde aber nur das Ausgangssymbol, denn die Leute kamen zwar ans Meer, Entspannung stellte sich jedoch nicht ein. Wenn das Ziel »Entspannung« lautet, muß auch die Richtung »Entspannung« lauten. Dann muß der Schritt in Richtung auf das Ziel entspannt geschehen. Sonst kommt man nicht an, sonst entsteht keine Entspannung.

Konstruieren wir zur Erläuterung ein weiters Beispiel, das gar nicht weit von der Realität vieler Menschen entfernt ist.

Stellen wir uns vor, jemand will ein Haus bauen. Das ist sein Ziel und damit ein Ausgangssymbol. Er verspricht sich davon ein ruhigeres, geborgeneres und sichereres Leben. Das ist die gesuchte Qualität. Wie in vielen solchen Fällen sind die finanziellen Mittel aber knapp, und die Entscheidung fällt nicht leicht. Soll er das Risiko eingehen?

Er könnte nun prüfen, was die Schritte auf dem Weg zum Ziel sind. Wieviel Geld muß er für den Kredit zwanzig Jahre lang jeden Monat aufbringen? Was bringt das mit sich? Fällt ihm das leicht? Verdient er genug, um dabei ruhig zu bleiben, und ist er gegebenenfalls bereit, auch den Verlust des Hauses hinzunehmen?

In welche Richtung führt ihn sein Plan des Hausbauens? Kann er sich unter diesen Umständen ruhig und geborgen fühlen? Oder wird er zwanzig Jahre lang ein unruhiges, unsicheres, angstvolles Leben führen, bis das Haus endlich abgezahlt ist?

Ein weiteres Beispiel: Ein älterer Mann hat sich mit einem beträchtlichen Vermögen zur Ruhe gesetzt. Jetzt reist er um die Welt und schaut sich schöne Plätze an. Da er es sich leisten könnte, kommt ihm die Idee, sich hier und da ein eigenes Haus zu kaufen. Er spricht mit Freunden und vertieft sich über einige Wochen in die Vorstellung, Häuser zu kaufen. Was kommt auf ihn zu? Makler beauftragen, passende Häuser finden, einen Notar suchen, die Häuser einrichten, die Gärten versorgen. Und er kommt zu dem Ergebnis, daß diese Entscheidung in die falsche Richtung führen würde – in Belastung statt Leichtigkeit.

Eine »blinde« Entscheidung für ein Symbol kann durchaus ein halbes oder ganzes Leben aufbrauchen. Ich erinnere mich an ein Paar, das ungeprüft von Symbol zu Symbol hastete, in der Hoffnung, die gemeinsame Beziehung zu verbessern.

Weil der Mann sich beengt fühlte und seiner Frau auswich, kamen sie zu dem Schluß, eine größere Wohnung wäre eine Lösung (»in dieser engen Wohnung kann ich es nicht aushalten«). Die größere Wohnung wurde zum Symbol für innere Freiheit. Als die größere Wohnung da war und sich nichts änderte, mußte ein Haus her (»die Wohnung ist noch zu klein«). Als das Haus da war und die Beziehung nicht besser wurde, kamen sie auf die Idee, ein Urlaubsdomizil zu schaffen, weil man Zuhause nicht entspannen kann (»wir müssen öfter mal rauskommen«).

Doch keiner dieser Schritte brachte sie dem Ziel der Vertrautheit näher. Im Gegenteil, weil sie für das viele Geld, das sie zum Umsetzen ihrer Vorstellungen brauchten, auch viel arbeiten mußten, wurde die Distanz zwischen ihnen im Laufe der Jahre größer. Was hätten diese Leute getan, wenn sie die Richtung ihrer Entscheidungen intensiv geprüft und nicht bloß auf das Symbol geschaut hätten? Vielleicht hätten sie sich direkt mit ihrer Beziehung befaßt und dort nach Lösungen gesucht.

Der nächste Schritt
sollte ein Stück des gesuchten Zustandes bringen –
dann führt er in die richtige Richtung.

Wenn die Entscheidung sofort oder bald einen Teil der gesuchten Qualität bringt, dann wird das Versprechen des Ausgangssymbols zumindest teilweise überflüssig. Dann verliert es seine magische Verheißung, die lautet: »Erst wenn du einen Mann hast ... dann wird dein Leben vollständig sein.« »Erst wenn du an der Spitze bist ... dann wirst du dich sicher fühlen.« »Erst wenn du in Pension bist ... dann kannst du machen, was du willst.«

Solche symbolischen Ziele sind weit weg, aber die Zukunft will jetzt beginnen. Wer weiß, was in der Ferne liegt? Wer weiß, ob es dort wirklich so toll ist? Und wie sollen wir diesen langen Weg durchhalten, wenn nicht schon unterwegs die Freude entsteht, die wir suchen? Vielleicht sterben wir vorher, und dann ist nichts gewesen.

Die Richtung zu prüfen, erfordert es, sich mit einem Thema eingehender auseinanderzusetzen und sich bei einer Entscheidung Zeit zu lassen. Die Entscheidung soll nicht aus unbewußter Panik getroffen werden, sondern im Bewußtsein reifen.

»Wenn du es eilig hast, laß dir Zeit« – so oder ähnlich lautet ein Sprichwort aus dem Fernen Osten. Natürlich erfordert es Zeit und eine gewisse Konzentration, die äußeren und inneren Bedingungen zu prüfen und zu einem stimmigen Ergebnis zu gelangen. Diese Zeit nehmen wir uns oftmals nicht. Die Zeit allerdings, Monate und Jahre, ohne nachzudenken oder nachzufühlen, einem Symbol zu opfern, nehmen wir uns schon.

Die Richtung zu prüfen, geschieht vor der Entscheidung. Durch diesen Schritt können wir uns im Vorfeld der Tat einen ungefähren Überblick verschaffen. Dann folgt die Entscheidung.

Sich entscheiden –
Heldentat oder Dämonenwerk?

*»In unseren Taten erfüllt sich die Kraft des Lebens,
oder sie wird darin gebrochen.«*

Dieses Zitat stammt von Joseph Campbell, dem weiter oben zitierten Mythenforscher. Diese Erkenntnis hat sich beträchtlich auf mein Leben ausgewirkt, und begleitet mich seit nunmehr fünfzehn Jahren kontinuierlich.

Campbell weist hier auf einen wesentlichen Faktor von Entscheidungen hin. Es kommt nämlich vor allem darauf an, wer die Entscheidung trifft, Held oder Dämon.

Vor etwa einem Jahr erfuhr ich auf deutliche Weise die Wahrheit von Campbells Aussage. Ein Freund, der nach einem Herzanfall in einem langen Koma gelegen hatte, begann sich zu erholen. Er fuhr im Laufe eines Jahres zu drei langen Kuraufenthalten und kehrte jedesmal frisch und lebendig zurück. In den übrigen Monaten, die er in seinem Haus verbrachte, schrumpfte er jedoch regelrecht in sich zusammen. Es war offensichtlich, daß der Mann im Kurheim alles fand, was er vom Leben brauchte. Er wurde versorgt, hatte Kontakte, brauchte sich nicht um sein Haus und die Mieter zu sorgen und gewann wieder Spaß am Leben.

Da er schon zweiundsechzig Jahre alt war, schlug ich ihm aufgrund meiner Beobachtungen vor, sein wertvolles Haus zu verkaufen und für den Rest seiner Tage in Kur zu fahren. Doch er fand den Mut zu dieser Entscheidung nicht und verblieb im gewohnten Alltag. Er sorgte sich um sein Alter und wollte das Haus als Sicherheit behalten.

»Wenn ich alt bin, kann ich das Haus immer noch verkaufen«, war seine Entscheidung. Eines Tages, die letzte Kur lag schon einige Monate zurück, sprachen wir miteinander,

und ich sah in sein nun wieder zusammengefallenes Gesicht. Mich durchfuhr der Gedanke: »Er wird nicht mehr lange leben.« Zwei Tage später war er tatsächlich tot.

In Kur zu fahren, das Haus aufzugeben, das Leben zu genießen – das wären Heldentaten gewesen, das hätte in Richtung Freude geführt. Aber der Mann war an der Grenze stehengeblieben und hatte den Dämon der Angst entscheiden lassen. So war seine Tat nicht Heldentat, sondern Dämonenwerk; und sie brach die Kraft seines Lebens.

Überlassen wir die Entscheidung der Traumfigur, oder treffen wir sie selbst? Dies ist die zentrale Frage, an der sich alles Weitere entscheidet.

Ich erinnere mich an eine Frau, die ihr Leben grundlegend verändern wollte und daran von der Angst gehindert wurde. Sie hatte zur Lösung ihrer Probleme eine Reihe von Seminaren besucht, kam aber nicht recht voran. Ich fragte sie:

»Wann werden Sie anfangen, Ihr Leben zu verändern? Wann werden Sie Ihre Vorhaben umsetzen?«

»Wenn die Angst weg ist«, sagte sie.

»Dann wird es nie sein«, war meine Antwort.

»Warten, bis die Angst weg ist«, ist Dämonenwerk. Denn Angst verschwindet nicht einfach. Das wäre so, als würde Siegfried vor der Höhle warten, bis der Drache auswandert oder zu alt ist, um zu kämpfen.

**Eine Heldentat, die ohne Angst vollbracht wird,
ist kaum als solche zu bezeichnen.
Helden vollbringen ihre Taten,
indem sie der Angst trotzen.
Man kann Dinge tun *trotz* der Angst.**

Auch Warten, Zögern oder Aufgeben sind Taten. Hier ist die Tat das Nichttun. Allen Erlebnissen liegen Taten zugrunde. Manchmal scheinen wir das nicht zu bemerken und halten uns für unschuldig. Wenn beispielsweise ein

Paar in die Beratung kommt, dann kann jeder die Taten des anderen schildern.

»Mein Mann ignoriert mich«, sagt die Frau und ist sich dabei ihrer eigenen Tat nicht bewußt. Denn sie »buhlt« möglicherweise um seine Aufmerksamkeit, und durch dieses Tun verschleudert sie ihre Lebenskraft.

»Meine Frau bedrängt mich«, mag der Mann klagen und dabei seine eigene Tat übersehen, nämlich sich »zu verbunkern«. Mit diesem Tun schadet er seiner Lebenskraft, denn er lebt wie ein Kaninchen, vor dessen Höhle die Schlange wartet.[1]

Wir tun und sind für diese Taten und ihre Folgen allein verantwortlich. Ob wir viel oder wenig arbeiten, ob wir aushalten oder uns wehren, ob wir nachgeben oder uns durchsetzen, ob wir an unsere Ziele glauben oder aufgeben – was immer die konkrete Tat ist, sie hat Auswirkungen. Sie erfüllt oder bricht die Lebenskraft.

Wer entscheidet?

Bei einer Entscheidung ist es also äußerst wichtig zu wissen, ob die geplante Handlung eine Helden- oder Dämonentat sein wird. Diese voneinander zu unterscheiden ist aber nicht unbedingt einfach. Denn die Tat an sich sagt nicht viel über ihre Bedeutung für den einzelnen Menschen aus.

Stellen wir uns beispielsweise vor, ein Mensch A will die Qualitäten Ruhe und Entspanntheit in seinem Leben verwirklichen. Das ist sein Heldenziel, und der bewußt gewählte Glaubenssatz der Heldengestalt, die Losung auf seinem Banner lautet: *»Freude ist wichtiger als Geld.«*

Nun bieten wir A ein großartiges Geschäft an, das allerdings neben einer Menge Geld auch viel Hektik mit sich

---

1 Zur Dynamik der Mann-Frau-Beziehung siehe Michael Mary, Schluß mit dem Beziehungskrampf, Stuttgart 1991; TB München 1995

bringt, beispielsweise die Organisation eines großen Kongresses gegen ein Honorar von einhunderttausend Mark.

Wird A diesen Auftrag annehmen? Wenn ja, dann weil ihm sein Dämon einflüstert: *»So eine gute Gelegenheit wird sich nie wieder bieten. Nimm den Job, entspannen kannst du später noch, wenn alles vorbei ist.«* Oder wird A das verlockende Angebot ablehnen und damit seinem Helden und dessen Überzeugung treu bleiben: *»Freude ist wichtiger als Geld?«* Wird er den Helden entscheiden lassen?

Ein anderer Mensch, nennen wir ihn B, verfolgt ganz andere Ziele. Seine Heldengestalt will in die Welt hinaus und beweisen, wozu sie fähig ist. Auf ihrer Fahne stehen die Worte: *»Zeige was du kannst.«* Wir bieten ihm die gleiche Arbeit an.

Wird er die Herausforderung annehmen und damit seinen Heldentraum verwirklichen, oder wird er sie ablehnen und damit dem Dämon folgen, der ihm einredet: *»Das kannst du nicht, du wirst versagen, bleibe bei deinen Leisten?«* Wer wird die Entscheidung treffen?

Die Unterscheidung von Helden- und Dämonentat ist also deshalb schwer, weil es dafür keine allgemeingültigen, sondern lediglich ganz und gar individuelle Maßstäbe gibt.

Es gibt nicht *die* richtige Tat, *den* richtigen Glaubenssatz, *die* richtige Losung, *das* richtige Ziel – es gibt nur die für diesen ganz bestimmten Menschen in dieser ganz bestimmten Lage richtigen Überzeugungen und die daraus entstehenden Taten.

Heldenhaft zu sein, bedeutet also für jeden Menschen etwas anderes. Trotzdem gibt es einige Hilfsmittel, mit denen wir Dämonen entlarven können. Ängste und Zwänge, die Werkzeuge der Dämonen also, zeigen sich nämlich oft schon in der Wortwahl.

Wenn wir beispielsweise Worte wie *»Ich muß ... Ich darf nicht ... Ich soll ... Man muß ... Man soll ...«* gebrauchen, dann haben sehr wahrscheinlich Dämonen ihre Finger im Spiel. Hinter dem Muß versteckt sich die Drohung

»sonst ...«. Dann gilt es vorsichtig zu sein, denn der Dämon läßt uns mit seinem Muß nur eine einzige Wahl, und wir werden Opfer seiner Eindimensionalität, wenn wir auf ihn hören. Dann *muß* es »dieses Auto« oder »dieses Haus« oder »dieser Mann« sein.

Helden sind niemals eindimensional. Sie können, aber sie müssen nicht. Beispielsweise würde der Dämon eines Sportlers fordern: *»Du mußt der Beste sein«* und auch vor dem Gebrauch von Anabolika und anderen schädlichen Mitteln nicht zurückschrecken. Seine Tat entsteht aus der Angst, den Sieg zu verlieren. Während der Held der Überzeugung ist: »Du kannst dein Bestes geben, aber du wirst deine Gesundheit nicht ruinieren.« Die Heldentat läge in diesem Fall darin, die Gesundheit zu bewahren und eventuell auf den Ruhm zu verzichten.

Dämonen beherrschen die Kunst der Tarnung. Ich erinnere mich an eine Frau, die unter der Verbissenheit litt, mit der sie alle Angelegenheiten tat. Sie versuchte, alles »richtig« und »total« zu machen. Ihr Dämon trug den Namen »Perfektion«.

Nachdem sie im Laufe ihres Lebens unter diesem Zwang gelitten hatte, entdeckte sie nun hinter den Symbolen der Perfektion eine starke Sehnsucht danach, loszulassen und zu entspannen, denn *»wenn alles perfekt ist, dann kann ich mich ausruhen, dann ist alles gut. Dann kann ich die Dinge geschehen lassen«!*

Die gesuchte Lebenshaltung, der individuelle Mythos dieser Frau lautete »Gelassenheit«. Als sie dies erkannte und auch nachfühlen konnte, faßte sie einen neuen Vorsatz:

»Jetzt höre ich mit der Perfektion auf. Ab jetzt mache ich alles nur noch auf leichte und entspannte Weise.«

»Wenn schon leicht, dann aber ›ganz und gar und richtig‹. Wenn schon gelassen, dann aber auch ›total‹. Sozusagen ›perfekt!‹« bemerkte ich.

Die Frau mußte schließlich lachen. Der neue Plan war der alte, denn der Dämon hatte entschieden, wie Gelassenheit zu geschehen habe.

Ein Dämon könnte den Satz formulieren: »*Wenn ich schon nichts Besonderes sein kann, dann will ich wenigstens ein bißchen normaler sein als andere!*« und dabei hoffen, von uns unentdeckt zu bleiben.

Entscheidungen dem Helden überlassen

Wer in seinem Leben etwas Neues erleben will, sollte nicht selbst entscheiden wollen. Er sollte die Entscheidung jemand anderem überlassen: der Gestalt aus der Zukunft, der Traumfigur, dem Helden.

Grundsätzlich ist es in den meisten Fällen richtig, eine Entscheidung nicht selbst zu treffen, sondern sie den Helden treffen zu lassen. Dann enthält sie die Zukunft.

Das bedeutet, sich vor dem eigenen Unbewußten zu verbeugen, sich dem individuellen Mythos zu beugen und das Leben in seine Hände zu legen. Es bedeutet Demut vor dem Teil von sich, der weiß, was das Leben erfüllen wird, und gegen den sich niemand stellen kann. Unsere Träume sind mächtiger als wir. Unsere Sehnsüchte beherrschen uns – egal, wie wir es drehen oder wenden.

Ein Freund, der ein guter Schauspieler ist, ärgerte sich regelmäßig über den kommerziellen Erfolg einiger Kollegen.

»*Wir haben zusammen auf der Schauspielschule angefangen. Doch nach einigen Jahren sind die an mir vorbeigezogen und machen jetzt richtig Geld. Und das auch noch mit dem letzten Mist*«, war seine Klage.

»*Dann mach doch auch ähnliche Sachen*«, schlug ich ihm vor.

*»Ich will mich aber nicht verkaufen. In mir sträubt sich alles da-
gegen.«*

Es war klar, daß sein individueller Mythos nicht auf kommerziellen Erfolg abzielte. Es ging für ihn um mehr als
Geld, es ging um Wahrhaftigkeit. Gegen dieses tiefere Ziel
kam auch sein Wunsch nach Geld nicht an, und ihm blieb
nichts anderes, als sich der Macht dieses Traumes zu beugen. Dann mag Geld kommen oder nicht, Erfüllung kommt
auf jeden Fall.

Ein Künstler erzählte in einem Seminar von seinem
Traum, ein Haus mit Atelier in der Toscana zu kaufen.
Dafür, so war ihm deutlich, müßte er jedoch eine ganze Reihe von Auftragsarbeiten erledigen. Im Laufe des Tages
schälte sich sein individueller Mythos heraus, den er einen
Zustand von »Sinnlichkeit« nannte. Er sprach von *»der Umgebung der Toscana, den Gerüchen, der Stille, dem Raum im Atelier. All dies ist nährend«*. Bei dem Stichwort »nährend« fiel
ihm auf, daß er zwei Sorten Arbeiten macht, nämlich *»solche, die ich für Geld mache, und solche, nach denen ich mich
genährt fühle«*. Und seine Heldengestalt nannte er »Der den
Sinn sucht«.

Dieser Held will wahrscheinlich nicht mehrere Jahre mit
erschöpfenden, weil sinnleeren Arbeiten verbringen, um
sich dann ein Haus in der Toscana kaufen zu können. Auch
hier wäre die Lösung, dem »Der den Sinn sucht« die Entscheidung über Aufträge zu überlassen. Dann ist »Näh-
rung« da, und Geld mag kommen oder nicht.

Solche Demut zu zeigen ist etwas für Mutige, denn sie
stellt selbst schon eine Heldentat dar. Dabei sind der Held
und seine Fähigkeiten noch nicht besonders entwickelt. Er
sucht erst den Weg in die Realität – den Weg in die Handlung.

Der Angst Tribut zollen

Der Held kommt an die Grenze, und der Dämon »Wächter der Schwelle«, stellt sich in seinen Weg, versperrt ihn, und wir hängen fest. Manchmal können wir unsere Angst nicht überwinden, weil sie zu groß ist. Dann müssen wir »*vom Blute des Dämonen schmecken*«, um in den Worten von J. Campbell zu sprechen.

Der Dämon hält uns nicht ohne Grund auf. Er macht es, weil er uns vor Schaden bewahren will.

Wenn es beispielsweise darum geht, eine bessere Arbeit zu finden, lautet die Warnung des Dämons: »*Kündige den Job nicht, sonst wirst du auf der Straße liegen. Du wirst frieren und hungern.*« Wenn man genau hinhört, erkennt man die gute Absicht des Dämons. Er macht sich Sorgen. Er hat Angst.

Wenn wir diese Sorgen nicht ignorieren können, weil sie zu mächtig sind, müssen wir die Absicht des Dämons anerkennen. Wir müssen ihm sagen: »*Ich erkenne deine Absicht an und sehe ein, daß du mir etwas Gutes tun willst. Es ist in der Tat wichtig, nicht zu frieren und nicht zu hungern. Doch laß uns andere Wege suchen, einen neuen Job zu finden und dabei zu überleben.*«

»Vom Blute des Dämonen schmecken« heißt, die Absicht seiner Tat zu berücksichtigen. Wenn wir ein Verhalten nicht ändern können, müssen wir es nutzen, um es ändern zu können. Dies geschieht, indem wir der Absicht des Dämons Rechnung tragen. Damit bleibt der Held die größere der beiden Gestalten, und er besänftigt den Dämon. Und wenn seine Absicht berücksichtigt ist, dann gibt der Dämon den Weg frei.

Ein Beispiel dazu: Eine Frau wird von ihrem Mann unter Druck gesetzt, gemeinsam mit ihm nach Spanien auszuwandern. Der Mann will dies, weil ihm die Menschen und das Leben dort lockerer und fröhlicher erscheinen, und die Frau hat bei einem längeren Spanienaufenthalt festgestellt, daß sie diese Empfindung teilt. Im Grunde möchte sie den

Mut zu dem Schritt aufbringen und dem Mann folgen, der sagt: *»Laß uns einen Strich machen, alles verkaufen und weggehen.«*

Genau an diesem Punkt verstellt ihr aber der Dämon den Weg. Er warnt sie davor, ins Ungewisse zu gehen, und will sie zum Bleiben bewegen. *»Geh nicht, verkaufe nicht, hier bist du sicher, hier weißt du, was du hast.«* Seine Absicht besteht darin, materielle Sicherheit zu gewährleisten.

Da er die Frau nicht vorbeiläßt, muß die Absicht des Dämons nun anerkannt und berücksichtigt werden. Die Frau entschließt sich endlich dazu, mit ihrem Mann zu gehen, aber ihr Haus zu behalten und es zu vermieten. Dadurch ist zwar weniger Geld für den Start in Spanien da, aber das ist für sie die einzige Möglichkeit, ihren Heldenweg fortzusetzen.

Wer die gute Absicht des Dämons herausfindet und berücksichtigt, wer also »von seinem Blute schmeckt«, kann *mit seiner Angst und trotz seiner Angst* weitergehen. Er wird an der richtigen Entscheidung nicht gehindert. Er kann Held bleiben und seinen Weg fortsetzen.

Haben wir uns der Macht des individuellen Mythos gebeugt und dem Helden die Entscheidung überlassen und haben wir notfalls vom Blute des Dämonen geschmeckt, sind die Würfel gefallen. Die Entscheidung steht, und sie stellt auf jeden Fall einen Schritt in eine neue, unbekannte Richtung dar.

Wie wird es uns damit ergehen?

Wach mit der Entscheidung leben

Wir haben die Richtung einer Entscheidung geprüft, haben den Helden die Entscheidung treffen lassen und gehandelt. Jetzt sind wir auf dem Weg zum Ziel und leben mit der Entscheidung.

Wir haben unser Bestes getan, und mehr können wir nicht tun. Jetzt geht es darum, Erfahrungen zu machen. Diese *Erfahrungen auf dem Weg des Helden* werden zeigen, was die Tat wirklich mit sich bringt und auf welche Weise wir gegebenenfalls Richtung und Handlung verändern müssen.

Wir haben ein Ausgangssymbol in ein Wahlsymbol verwandelt und damit ein vorgegebenes vages Lebensziel in ein konkretes, greifbares und individuelles verwandelt. Doch damit sind wir noch nicht am Ziel. Das muß sich erst noch zeigen. Es gilt also, auf dem Weg zum Ziel wach zu bleiben.

»Wach sein in einer Entscheidung« bedeutet, ihre tatsächlichen Auswirkungen auf das Leben zu verfolgen. Dies geschieht durch die Beantwortung einer einfachen, aber wirkungsvollen Frage. Sie lautet:

»Wie geht es mir damit?«

Als Beispiel fällt mir ein Manager ein, der zwei Jahre, nachdem er in den Vorstand seines Unternehmens berufen worden war, zu mir kam. Der Mann war am Ziel seiner Träume angekommen, aber ...

»Es bringt so vieles mit sich, das ich nicht will. Ich muß einen Wagen mit Chauffeur fahren und bei gesellschaftlichen Anlässen auftreten. Dann mußte ich in eine Gegend umziehen, die ich als Millionärsghetto bezeichne. Das alles empfinde ich als Kontrolle

und als einen Eingriff in meine Lebensweise, die ich in diesem Ausmaß vorher nicht kannte. Und schließlich mache ich keine echte Arbeit mehr; gerade das aber hat mich früher ausgefüllt.«

»Wie hatten Sie sich Ihre Arbeit im Vorstand denn vorgestellt?« wollte ich wissen.

»Meine Erwartung war, daß ich mehr bewegen könnte. Das trifft in kleinem Ausmaß auch zu, aber im großen Maßstab ist das nicht möglich. Das Unternehmen ist eine Aktiengesellschaft, die zum großen Teil einer anderen Aktiengesellschaft gehört. Im Grunde genommen gehört die Firma damit keinem, und den Vorständen ist eigentlich gleichgültig, was geschieht. Wichtig ist ihnen nur, daß sie gut dastehen.«

Wenden wir die Wach-sein-Frage *»Wie geht es Ihnen damit?«* auf das erreichte Ziel an. Der Mann kann diese Frage beantworten.

»Ich langweile mich, bin unausgefüllt, enttäuscht und genervt. Dieses Leben für den Anschein und das Image widerstrebt mir und macht mich eigentlich krank.«

Etwas hat sich verwirklicht, aber es ist nicht das, was der Mann suchte. Er hat ein Ziel erreicht, aber dieses hat sich nicht als das innere Ziel herausgestellt. Es besteht ganz offensichtlich eine Diskrepanz zwischen dem individuellen Mythos und den Erfahrungen im Vorstand. Wir befaßten uns daher eingehender mit dem Mythos dieses Mannes, der sich als »Suche nach Wahrhaftigkeit« offenbarte.

»Ich will hinter den Dingen stehen, die ich tue, will in dem vorkommen, was ich mache, und von meiner Arbeit überzeugt sein. Alles andere ist mir zu hohl.«

Der Mann entschied sich daraufhin, seinen Vertrag als Vorstand auslaufen zu lassen und sich eine echte Arbeit zu suchen. Wenn er dies macht, dann begeht er eine echte Heldentat. Denn auch, wenn alle anderen Menschen sag-

106

ten: »Wie kannst du so einen guten Job aufgeben?«, wird er nur auf diese Weise seinem individuellen Mythos treu sein.

Um unsere Taten in Richtung auf den individuellen Mythos hin zu überprüfen, brauchen wir also lediglich die Frage »Wie geht es mir *tatsächlich* damit?« zu beantworten. *Wie wirken sich meine konkreten Taten auf die Qualität meines gegenwärtigen Lebens aus? Komme ich dem ersehnten Zustand näher, oder entferne ich mich davon?*

Doch solche Fragen sind nicht ganz einfach zu beantworten, denn die Betonung liegt auf dem Wort *tatsächlich*. Die Erfahrung zeigt, daß wir mitunter große Schwierigkeiten haben, die Realität zu erkennen, denn leichter als zu sehen, wie es uns *tatsächlich* mit einer Entscheidung geht, ist es zu träumen, daß »eines Tages alles besser« sein wird.

Die Antwort auf die Wach-sein-Frage erfordert also Ehrlichkeit sich selbst gegenüber. Man muß in der Lage sein, Enttäuschungen oder Irrtümer einzugestehen. Die Antwort auf die Wach-sein-Frage erfordert zusätzlich auch den Mut zur Korrektur einer Entscheidung oder zur Umkehr auf dem eingeschlagenen Weg.

Ein Rechtsanwalt mußte nach einigen Jahren Berufstätigkeit erkennen, daß *»ich zwar viel Geld mache, aber es mir immer schwerer fällt, mich an den Schreibtisch zu setzen. Es befällt mich eine Art Dauermüdigkeit, die verschwindet, sobald ich einige Tage Abstand vom Beruf finde. Ich beginne zu begreifen, daß diese Arbeit nicht das Richtige für mich zu sein scheint.«*

Die meisten Menschen machen sich wenig Gedanken darüber, wie es ihnen mit einer einmal getroffenen Entscheidung *tatsächlich* geht. Dabei wächst die Bereitschaft zur Verdrängung der Realität parallel zu der Bedeutung, die eine Entscheidung hat.

Kleinigkeiten lassen sich leicht korrigieren. Bei grundlegenden Entscheidungen, wie sie beispielsweise durch Berufs- oder Partnerwahl getroffen werden, ist es schwieriger und mit größerem Risiko behaftet, die Frage nach dem Befinden zu stellen. Denn das erfordert möglicherweise unbequeme Konsequenzen.

Eine Frau Mitte Dreißig unterhielt seit Jahren eine funktionierende Beziehung zu ihrem Freund. Da beide in verschiedenen Städten wohnten, entstand nach und nach die Sehnsucht nach mehr Nähe. Schließlich gab sich die Frau einen Ruck und entschloß sich zu der Heldentat, zum ersten Mal in ihrem Leben mit einem Mann in einer gemeinsamen Wohnung zu leben. Nach einem Jahr kam sie zu folgender Einschätzung:

»Es ist zwar schön, aber es wird auch alltäglich. Die Spannung läßt nach. Ich freue mich weniger auf ihn, weil er selbstverständlich da ist. Gleichzeitig fange ich an, mich mehr um ihn zu kümmern. Ich mache mir seine Gedanken, fühle mit, verliere Abstand zu ihm. Darüber werde ich manchmal aggressiv und verhalte mich dann willkürlich. Ich habe den Eindruck, daß die Qualität unserer Beziehung schwindet, und das bedrückt mich. Ich denke, er sollte wieder ausziehen und sich in der Nähe eine eigene Wohnung nehmen.«

An diesem Punkt taucht mit der Erkenntnis »es bedrückt mich« ein neuer Traum auf. Der Traum von Abstand in relativer Nähe – beide haben getrennte Wohnungen, die aber nahe beieinander liegen. Vielleicht ist diese Lösung für das Paar eine adäquate Form, Beziehung zu haben.

Mit diesem neuen Traum weist der individuelle Mythos auf die Notwendigkeit einer Korrektur des Weges hin. Und damit beginnt eine neue Heldenaufgabe.

Denn wozu auch immer wir uns entscheiden – auch die Entscheidung für ein bewußt gewähltes Symbol stellt einen Plan dar und damit ein Vorwegnehmen von Entwicklungen. Möglicherweise offenbart der individuelle Mythos unterwegs neue Facetten, die wir bisher nicht sehen konnten. Dann kann der Plan zum Hindernis werden, und wir sollten darauf achten, welche neuen Träume aus diesem nun zur Enge gewordenen alten Traum entstehen.

Experiment Leben

Wenn wir unser Leben als ein großes Experiment ansehen, werden uns viele Veränderungen leichter fallen. Im Grunde genommen experimentieren wir ja unentwegt, aber oft auf eine unbewußte Weise. Wir nennen unsere Taten nicht Experimente, sondern »Vorhaben« oder »Pläne«, aber das ändert nichts daran, daß wir niemals mit Sicherheit sagen können, was geschehen wird und wie es uns mit unseren Entscheidungen ergehen wird.

Wenn wir die Frage »Wie geht es mir damit?« ernsthaft stellen und beantworten, werden wir auf der Spur des individuellen Mythos bleiben und uns unterwegs nicht allzu sehr verirren.

Weitere Herausforderungen

Das Leben hat immer etwas Neues zu bieten, und es gibt noch vieles zu erfahren. So werden wir nicht aufhören zu träumen und weiterhin versuchen, diese Träume in der äußeren Welt zu realisieren. Und wir werden bei diesem Versuch auch in Zukunft auf Hemmungen, Ängste und Grenzen stoßen.

Unterwegs sein bedeutet, Hindernissen und Schwierigkeiten zu begegnen, Erfolge zu feiern sowie Rückschläge zu erleiden. Es bedeutet Abenteuer. Das Abenteuer zu leben.

Wofür werden wir unsere Kraft gebrauchen? Werden unsere Handlungen *»die Kraft des Lebens erfüllen oder brechen«*? Werden wir uns bewußt entscheiden oder unter dem Zwang äußerer Symbole stehen? Werden wir tun, was »die anderen« von uns erwarten oder was uns und nur uns Erfüllung bringt? Werden wir lebendig sein?

Lebendig sein

Befassen Sie sich für einen Moment mit folgender Frage: *Wie weiß ich, daß ich lebendig bin? Wie weiß ich, daß ich lebe?*

Ich atme – ich schaue mich um und sehe – ich höre – ich fühle etwas – ich rieche – ich bewege mich – ich spüre meinen Körper – ich habe Kontakt zu Menschen – ich habe Kontakt zur Natur.

All dies geschieht jetzt und hier, in diesem Augenblick. Der Mensch ist nicht lebendig, wenn er reich ist, schön ist, Erfolg hat, Mercedes fährt, zehn Zentimeter weiter springt, fünf Goldmedaillen besitzt, sein Leben nach Vorstellungen anderer richtet oder ähnliches. Der Mensch ist lebendig, wenn er die Kraft des Lebens in sich spürt.

111

Die Kraft des Lebens teilt sich durch den individuellen Mythos mit. Er hält uns lebendig, denn er zeigt, was wir suchen, brauchen, wollen. Er hält uns in Bewegung und gibt unserem Leben Richtung und Sinn.

Der individuelle Mythos fordert uns auf, in ständiger Auseinandersetzung zwischen Held und Dämon, zwischen Lust und Angst, zwischen Vergangenheit und Zukunft den für uns richtigen Weg zu finden.

Das permanente Ringen von Held und Dämon hält uns lebendig, denn diese beiden Figuren begleiten uns durch das ganze Leben. Auch wenn die Inhalte ihrer Auseinandersetzung sich ebenso wie ihre Namen und Erscheinungen verändern – sie werden uns erhalten bleiben.

Unterwegs, auf der Suche nach Erfüllung, begegnen wir neben der Schwierigkeit, die richtige Entscheidung zu treffen, weitere Herausforderungen, beispielsweise:

– Urteilen und Wertungen
– der Versuchung, aufzugeben
– der Ungeduld
– der Langeweile
– Zweifeln
– der Angst vor Risiko
– dem Sorgenmacher
– Schuldgefühlen
– Bedürfnissen
– Zufällen
– dem Schicksal
– Krankheiten
– anderen Menschen
– der Welt

Bis dann am Ende des Weges schließlich das letzte große Abenteuer vor uns liegt.

Mit diesen Themen will ich mich nun befassen und dabei Anregungen zum Umgang damit geben.[2]

Von Urteilen und Wertungen

Unterwegs, unser Ziel vor Augen, glauben wir natürlicherweise, daß etwas Bestimmtes geschehen sollte – nämlich das von uns Erwartete. Geschieht es, sind wir glücklich, passiert es nicht, bedeutet das Unglück. Doch solche Bewertungen und Urteile stehen uns im Weg, denn sie verdecken den Blick auf das, was tatsächlich oder auch noch geschieht.

Wenn wir das Leben als Entwicklung begreifen, ist die Bewertung einzelner Ereignisse wenig sinnvoll. Denn wer weiß schon auf Anhieb, wozu etwas gut ist?

Die Konstruktionsabteilung einer Firma gewann geschlossen einen Wochenendflug nach Paris. Welch ein Glück! Doch auf halbem Wege stürzte das kleine Flugzeug ab, und alle Insassen kamen um. Welch ein Unglück!

Ein Mann hatte »das große Glück«. Er machte mit einem Schwarzgeschäft Millionen und legte das Geld sicher in einen Banksafe. Es war dies die bisher einzige Bank, in der in einer Nacht alle Wertfächer aufgebrochen wurden. Welch ein Pech! Wir glauben zu wissen, aber wir können nur bis zur nächsten Wegbiegung schauen. Wie es weitergeht, bleibt uns verborgen.

Ich möchte aus der Erinnerung eine kleine Geschichte erzählen, von der ich nicht mehr weiß, wo ich sie hörte, und die viel über den Sinn von Wertungen aussagt.

Es war einmal ein alter Mann. Der lebte mit seinem Sohn in einem Dorf und war Bauer. Eines Tages lief ihm ein Hengst zu, so schön wie noch keiner gesehen ward.

---

2 Wer an solchen Themen mit sich selbst weiterarbeiten will, dem sei das Buch »Selbsttherapie« empfohlen. Kreuz Verlag Stuttgart 1995

Da riefen alle Dorfbewohner: »Du Glücklicher, jetzt bist du reich!« Doch der Mann sagte nur: »Ich weiß nicht, ob es gut oder schlecht ist, ich weiß nur, daß dieser Hengst in meinem Stall steht.«

Da hörte der König von diesem Hengst und wollte ihn für einen Sack voll Gold kaufen. Doch der Mann sprach: »Ich kann ihn nicht verkaufen«, und der König zog ab. Am nächsten Tag zog auch der Hengst seines Weges.

»Du Unglücklicher«, riefen da die Dorfbewohner. »Du hättest bis ans Ende deiner Tage von dem Golde des Königs leben können.« Doch der Mann blieb dabei: »Ich weiß nicht, ob es gut oder schlecht ist, ich weiß nur, der Hengst ist weg.«

Am folgenden Vollmond kam der Hengst zurück und mit ihm eine kleine Herde wunderschöner Pferde. Und wieder riefen die Dorfbewohner: »Du Glücklicher, jetzt hast du noch mehr Pferde!« Und der Mann wiederholte seinen Satz: »Ich weiß nicht, ob es gut oder schlecht ist. Ich weiß nur, daß der Stall jetzt voller Pferde ist.«

Tags darauf ritt der Sohn des Mannes und fiel vom Pferd, wobei er sich das Bein brach. »Du Unglücklicher«, riefen die Dorfbewohner, »jetzt ist Erntezeit, und wir haben keine Zeit, dir zu helfen. Du wirst Hunger leiden.«

»Ich weiß nicht, ob es gut oder schlecht ist«, sagte der Mann in aller Ruhe, »ich weiß nur, daß mein Sohn ein gebrochenes Bein hat.«

In der folgenden Woche kamen die Häscher des Königs und sammelten alle jungen Männer ein, denn es gab Krieg. Nur den Sohn des Bauern konnten sie nicht mitnehmen. »Du Glücklicher«, riefen da die Dorfbewohner, »wir werden unsere Söhne verlieren, aber du wirst deinen behalten.«

Da sagte der Mann: »Ihr lernt es wohl nie.«

Ich fühle mich oft in der Lage der Dorfbewohner und glaube zu wissen. Dann hilft es mir, mich an diese Geschichte zu erinnern.

Wir wissen es nie! Ob ein Ereignis Glück oder Unglück bedeutet, können wir erst hinterher sagen.

Wenn eine Entwicklung abgeschlossen ist, sieht alles anders aus. Dann sagen wir über das Ende einer Beziehung:

»Gut, daß wir uns damals getrennt haben. Es hat mich zu einem besseren Partner geführt«, oder über einen finanziellen Zusammenbruch: *»Gut, daß ich damals mit der ganzen Firma pleite gegangen bin. Es hat mich dazu gebracht, auf die schönen Dinge im Leben zu achten, anstatt nur zu arbeiten.«*

Wenn etwas geschieht, das wir als Glück oder Unglück ansehen, bezieht sich diese Wertung nicht selten auf äußere Symbole. Dann sind wir vom Schein geblendet und sehen nicht, was tatsächlich passiert.

Ein junger Mann studierte mit Begeisterung das Fach Modedesign. Er glaubte, sein Ziel wäre, einmal viel Geld zu verdienen. Dann erbte er mehrere Häuser in München und besaß mit einem Mal Millionen. Nun hatte er Geld und brauchte nicht weiter zu studieren. Er brach sein Studium ab und machte fortan »in Spekulationen«.

Nach zwei Jahren brach er ein. Mit dem Geld wußte er nichts Rechtes anzufangen. Sein Leben erschien ihm zunehmend sinnloser, er wurde träge und auch körperlich aufgedunsen. Er begriff, daß es bei seinem Studium nicht um Geld, sondern um Kreativität und die Umsetzung eigener Ideen gegangen war. Gerade, weil er als Student arm war, wäre es eine besondere Herausforderung gewesen, aus sich selbst heraus erfolgreich zu werden. Er sagte:

»Selbst wenn ich jetzt mein Geld nehme und Design mache, wird es nicht mehr dasselbe sein.«

Stimmt. Das Abenteuer ist weg. Diese Erfahrung fehlender Herausforderung und damit relativer Sinnlosigkeit machen viele der jungen Menschen, die große Vermögen erben, ohne etwas dafür getan zu haben. Ist das nun Glück?

Wir wissen nicht, ob eine Entwicklung sich als gut oder schlecht erweisen wird. Wir wandern also durch den Dschungel des Lebens und kennen nur eine ungefähre Richtung. Manchmal verschwindet die Sonne hinter den

Wolken, und wir verlieren die Orientierung. Unsicherheit breitet sich aus. Wir werden anfällig für unsere Ängste und denken daran, aufzugeben. Die Dämonen triumphieren, sie haben es ja gleich gesagt. *»Siehst du, es klappt nicht, laß es doch sein.«*

Doch bei der Beurteilung unserer Ziele dürfen wir nicht auf Dämonen hören. Sie hängen an Ausgangssymbolen fest und wollen uns Maßstäbe für Erfolg oder Mißerfolg vorgeben. Wenn beispielsweise der Mann aus einem der vorigen Beispiele es ablehnte, im Vorstand seines Unternehmens zu bleiben, war das – bezogen auf das Ausgangssymbol – sicherlich ein Mißerfolg, denn er gab – am Ziel angekommen – auf. Bezogen auf den Kernwunsch, bezogen auf die gesuchte Lebensqualität, bezogen auf das Heldenziel jedoch hat der Mann gewonnen. An Wahrhaftigkeit, an Stimmigkeit, an Einfachheit und Lebensfreude.

Sogar, wenn wir einen Partner verlieren, ist das kein Mißerfolg. Das Ausgangssymbol mag zwar lauten *»einen Lebenspartner finden«*. Der Kernwunsch hinter diesem Traum wird aber sein, *»dem Leben zu vertrauen«*, denn das fällt uns leichter, wenn wir geliebt werden. Wenn die Beziehung trotzdem auseinandergeht, ist dies bezogen auf den Kernwunsch durchaus kein Mißerfolg. Denn Trennung gehört ebenso zum Leben wie Zusammenkommen. Das eine kann ohne das andere nicht geschehen. Und wenn wir gelernt haben, allein zu sein, können wir auch leichter mit einem Partner leben. Vielleicht ist er gegangen, weil wir zu sehr an ihm hingen, und wir sollten lernen, ebenbürtig zu sein, anstatt wie ein Kind zu klammern.

Es sind auch unsere sogenannten Probleme und deren Bewältigung, die unsere Lebendigkeit ausmachen. Dabei sollten wir uns bei der Bewertung von Ereignissen dem individuellen Mythos anvertrauen. Er stellt die größere Perspektive dar. Er allein kann eine verläßliche Orientierung geben.

116

Versagen – vom Aufgeben der Träume

Es ist wahr – die meisten Menschen werden nie eine Olympiade gewinnen, nur einer wird der reichste Mann der Welt sein, nur einer Bundeskanzler werden, nur wenige werden es bis zum Milliardär schaffen, und nur einer wird zur gleichen Zeit Claudia Schiffer heiraten.

Doch all diese Dinge sind rein äußerlich. Für sich genommen, bedeuten sie gar nichts. Vieles Äußerliche werden wir nie erreichen, aber es gibt keinen Grund, warum unser individueller Mythos nicht verwirklicht werden sollte. Es gibt keinen Grund, warum wir nicht Leichtigkeit, Wahrhaftigkeit, Entspannung, Selbstbewußtsein, Einfachheit, Verbundenheit, Glückseligkeit ... erleben sollten.

Der einzige Grund dafür wären wir selbst, indem wir uns davon abhalten, unsere Kraft zur Erfüllung des Lebens zu gebrauchen, denn:

**Im Leben versagen
kann man nur in bezug auf äußere Ziele.**

Wenn es um den individuellen Mythos geht, dürfen wir den Erfolg nicht am Symbol messen, sondern an der Lebensqualität, die wir durch Entwicklungen und Ereignisse erfahren.

Stellen wir uns beispielsweise einen Musiker vor, dessen Ausgangssymbol darin besteht, *»viele Platten zu verkaufen«*. Der Kern dieses Traumes mag lauten: *»sich mitteilen, seine Gefühle ausdrücken«*. Stellen wir uns weiterhin vor, der Mann macht zwar seine Musik, verkauft aber nur relativ wenige Platten. In bezug auf sein Ausgangssymbol hat er sicherlich versagt, denn andere haben mehr Platten verkauft. Doch hat er sich mitgeteilt? Ist sein Herz in die Musik geflossen? Wenn ja, dann ist sein Mythos erfüllt, selbst wenn die Anerkennung von außen ausbleibt. Wenn »die anderen« den Maßstab abgeben, dann sind wir allzu oft Versager. Denn es kann immer nur einer als Sieger durchs Ziel gehen. Wenn der Maßstab jedoch ein individueller ist, wenn er durch den individuellen Mythos bestimmt wird, dann steht uns das Leben in seiner ganzen Fülle offen.

Allgemeine Wertungen und Urteile stellen sich demzufolge immer gegen den individuellen Mythos. Wer ihm trotzdem treu bleibt, geht das Risiko ein, von allen kritisiert zu werden, die äußerliche Symbole anbeten. Wer nichts auf das Urteil dieser Menschen gibt, hat ein großes Stück Freiheit gewonnen.

In der Südsee gibt es eine Insel, auf der Fußball nach ganz besonderen Regeln gespielt wird. Dort muß die bessere Mannschaft, sobald sie in Führung liegt, ihre beiden besten Spieler mit zweien der unterlegenen Mannschaft austauschen. Und das Spiel hört erst auf, wenn es unentschieden steht. Dieser Art zu spielen liegt ein echtes Interesse an Spiel und Freude zugrunde. Hier geht es um Erfüllung und nicht um Sieg.

Können wir auf Dauer wirklich so naiv bleiben und glauben, Glück hänge im wesentlichen von Dingen ab?

Das einzig wirkliche Versagen besteht darin, sich selbst, seine Träume und Ziele zu verlieren und ein Leben zu führen, das diese Bezeichnung kaum verdient, weil ihm die Lebendigkeit fehlt.

Ungeduld

Unterwegs wächst der Druck, ein Ziel zu erreichen, und treibt uns zur Eile an. Wichtige Ziele liegen aber zumeist nicht um die Ecke, sondern sind weiter entfernt. Und je schneller wir dann ankommen wollen, desto eher geht uns die Luft aus. Zuversicht schwindet, je mehr wir uns beeilen.

Eine der besten Lebenseinstellungen, die ich kenne, besteht darin, alle Geschehnisse und auch das Leben selbst als eine unentwegte Entwicklung zu begreifen. Eines kommt aus dem anderen, und jedes will für sich entdeckt und erfahren werden.

Solch eine Haltung braucht ein Schatzgräber, wenn er vorsichtig Schicht für Schicht des Bodens abhebt, um einen Schatz zu bergen. Sicherlich ginge es mit einem Bagger schneller, aber dann würde vieles zerstört oder bliebe unentdeckt.

Sorgfalt und Geduld, Behutsamkeit und Konsequenz sind wertvolle Eigenschaften, wenn es um die Entwicklung von Lebensqualität geht. Wenn die Ungeduld uns packt, haben wir möglicherweise die Orientierung am inneren Ziel verloren und schielen auf das äußere Symbol.

In Fällen großer Ungeduld: Erinnern Sie sich an Ihr wahres, inneres Ziel! Dann kehrt auch die Zuversicht zurück.

Langeweile

Wenn Held und Dämon ihren Kampf abseits unserer bewußten Aufmerksamkeit führen, lähmen sie uns und unsere Handlungskraft. Dies erfahren wir als Langeweile.

Langeweile ist also die Spannung zwischen einem Lebensimpuls und seiner Unterdrückung. Die Lebenslust meldet sich, aber wir sehen keine Möglichkeit, ihr zu folgen, und halten uns deshalb fest. Die Zeit des Wartens wird lang, eben eine ziemlich lange Weile.

Manche Menschen finden das Leben an sich langweilig. Wir können daraus schließen, wie sehr sie sich in ein Korsett aus Vorstellungen, Moral, Verboten und Einschränkungen einschließen.

Langeweile ist im Grunde genommen ein gutes Zeichen, wenn wir ihre Ursache in unserem Verhalten und nicht in den äußeren Umständen suchen. Sie zeigt, daß wir noch lebendig sind und daß ein Teil von uns das Leben sucht. Wir haben noch nicht aufgegeben.

Eine Möglichkeit, mit Langeweile umzugehen, ist, diese Empfindung zu erforschen. Wer die in dem Spannungsgefühl verborgenen Lebensimpulse und die zugleich wirksamen Verbote entdeckt, findet leichter neue Verhaltensmöglichkeiten.

Man kann beispielsweise innehalten und sich fragen: Was tue ich? Stimmt es für mich? Was ist der Sinn meiner Handlungen? Wovor schrecke ich zurück? Was würde ich am liebsten tun, und was hindert mich daran? Was würde der Held tun?

Mit Zweifeln umgehen

Wenn sich ein Veränderungsimpuls und die Angst vor seiner Umsetzung im Bewußten befinden und sich dort die Waage halten, sind wir zwischen Zweifeln hin- und hergeworfen.

Manche Menschen können sich grundsätzlich nicht entscheiden und sind ständig im Zweifel. Ein Grund liegt meist darin, daß sie ihre Zweifel loswerden wollen, bevor diese erforscht sind. Sie halten ihre Zweifel einfach nicht aus.

Das Schwierigste im Umgang mit Zweifeln ist sicher, sie auszuhalten. Sie auszuhalten meint, sich mit ihnen auseinanderzusetzen. Wenn Zweifel sich nicht auflösen, fehlen uns ganz einfach wichtige Informationen, die sich nicht selten aus dem Wesentlichen, also aus dem individuellen Mythos, ergeben.

Zweifel sind wie lästige Freunde, die wir nicht loswerden, weil sie uns etwas Wichtiges mitteilen wollen. Sie werden erst verschwinden, wenn ihre Botschaft verstanden wurde.

Eine Frau hat starke Phantasien vom Fremdgehen. Soll sie es tun? Eine Seite sagt: »*Ja, dein Mann schläft schon lange nicht mehr mit dir, also geh und sorge für dich.*« Eine andere Seite warnt: »*Wenn das rauskommt, wird er dich verlassen.*«

In solch einem Fall ist es sicher richtig, eine Weile zu zweifeln und damit auch auf die Angst zu hören. Denn die bestehende Beziehung könnte zerstört werden, und sie ist trotz ihres Mangels dennoch wertvoll.

Sich im Zweifel aufhalten, ist zwar unangenehm, läßt uns aber am Thema bleiben und die Vor- und Nachteile des entsprechenden Verhaltens nach und nach begreifen. Erst wenn genügend Klarheit da ist, wenn eine Seite dauerhaft überwiegt, können wir den Schritt tun und uns entscheiden. Dann ist die jeweilige Entscheidung eindeutiger, auch wenn es möglicherweise lange gedauert hat, dorthin zu kommen.

Eine weitere Möglichkeit, Zweifel aufzulösen, wäre, sich auf den individuellen Mythos zu besinnen. Begeben Sie sich in den Zieltraum und suchen Sie nach weiteren Informationen. Sie können in Gedanken, Gefühlen oder Phantasien verborgen liegen.

Risiken eingehen

Ein Risiko ist eine Ungewißheit in bezug auf die Ergebnisse des Handelns. Manche Menschen scheuen selbst das kleinste Risiko, andere scheren sich ganz im Gegenteil nicht im mindesten um die Folgen einer Tat.

Ein Mensch kann aus Angst wie versessen jeden Pfennig sparen und das Risiko scheuen, sein Geld auf die Bank zu bringen. Denn tatsächlich sind in den letzten Jahren eine Reihe von Banken bankrott gegangen.

Man kann aber auch das große Risiko wählen und sein gesamtes Geld einem Börsenspekulanten anvertrauen. Jedes Jahr verlieren tausende leichtgläubiger Menschen in diesem Land Milliardenbeträge aus dieser Gier heraus.

Doch in beiden Fällen – bei der Risikovermeidung und beim blinden Risiko – bestimmt eine individuelle Angst das Verhalten. Im einen Fall ist es die Angst, etwas zu verlieren, im anderen Fall die Angst, etwas zu verpassen. Beide Taten, der Geiz und der blinde Wagemut, sind also Dämonenwerk. Erinnern wir uns: Es geht nicht darum, *irgend etwas* zu tun. Es geht darum, eine *Heldentat* zu begehen. Für den Geizigen ist Großzügigkeit die Heldentat, und für den Verschwender besteht sie darin, besonnen zu sein.

Demnach läßt sich auch nicht pauschalisieren, worin ein Risiko besteht, denn die Tat muß in bezug auf das Individuum bewertet werden. Für einen Schwätzer wäre es ein Risiko, einmal den Mund zu halten und zuzuhören. Und für einen Schweigsamen wäre es mutig, die eigene Meinung zu äußern.

Grundsätzlich wächst die Bereitschaft, etwas Neues zu wagen, mit dem Leid, das entsteht, wenn wir am Alten festhalten. Je mehr wir unter einer bestimmten Situation leiden, desto stärker werden unsere Sehnsüchte und Träume. Wir nähern uns dem Punkt der Entschlossenheit, an dem sich Vorsatz in Tat verwandelt.

Deshalb ist es durchaus in Ordnung, eine kurze oder lange Weile zu zögern, bis eine Angelegenheit »reif« ist und wir den Sprung wagen.

Eine weitere Möglichkeit, mit Risiken umzugehen, besteht darin, den Beschwörungen der Dämonen ganz genau zuzuhören und sie als Erfahrungen aus der Vergangenheit zu erkennen. Eventuell müssen wir »vom Blute des Dämonen schmecken«, um weiter zu kommen.

Der Sorgenmacher

Sorgen zu haben, scheint eine unserer liebsten Beschäftigungen zu sein. Wenn die Wirtschaft nur um 2,1 statt um 2,8 Prozent wächst, machen wir uns große Sorgen.

Sorgen sind Projektionen unserer Ängste in die Zukunft. Stellen Sie sich vor, Sie hätten eine Million DM Bargeld auf dem Küchentisch liegen. Ist das nicht toll? Aber Sie könnten sich sogleich auch alle möglichen Sorgen machen. Was, wenn heute abend jemand einbricht? Was, wenn mich auf dem Weg zur Bank jemand überfällt? Was, wenn die Inflation kommt? Wenn ich die falschen Aktien kaufe?

Eine Methode, den Dämon Sorgenmacher zu vertreiben, ist, die Sorgen hemmungslos zu übertreiben. Machen Sie ein Experiment. Machen Sie sich *richtig, total, hundertprozentig* Sorgen. Versuchen Sie, sich ganz bewußt fünfzehn Minuten lang zu sorgen. Malen Sie absichtlich schwarz. Und dann schauen Sie zu, wie aus dem Dunkel Hoffnung und Zuversicht entstehen.

Eine andere Möglichkeit, mit dem Dämon »Sorgenmacher« umzugehen, besteht darin, ihm zuzuhören. Dann kann sich herausstellen, wer da spricht. Oft sind es gerade die verinnerlichten Stimmen der anderen, die uns angst machen und zu einem angepaßten Verhalten bewegen wollen. Es gibt immer andere Möglichkeiten. Der Held wird sie finden.

Schuld

Schuld zielt auf die Erhaltung menschlicher Beziehungen. In der Kindheit entsteht das Gefühl unter anderem, wenn wir befürchten, wichtige Menschen, wie beispielsweise die Eltern, zu verlieren.

Schuld ist also entgegen einer verbreiteten Ansicht nicht eine Frage des Richtig und Falsch an sich, sondern des Richtig und Falsch in bezug auf einen bestimmten Menschen.

Schuld ist so lange ein sinnvolles und nützliches Gefühl, wie sie ein bestimmtes Ausmaß nicht überschreitet. Sobald wir etwas tun, was die Beziehung in Frage stellt, tauchen Schuldgefühle auf. Wir machen sozusagen Schulden. Und weil eine Beziehung auf dem Ausgleich von Nehmen und Geben beruht, möchten wir diese Schulden zurückzahlen. So werden wir die Schuldgefühle wieder los.

Wenn das Schuldgefühl aber bleibt, sollten wir uns klarwerden, ob und was wir dem anderen wirklich schulden. Vielleicht haben wir eine Verantwortung übernommen, die uns nicht zusteht, und schulden dem anderen die Wahrheit. Auch diese Schuld sollten wir dann begleichen.

Bedürfnisse – Kraft tanken

Unterwegs zum Ziel mag uns die Kraft ausgehen, denn die Auseinandersetzung zwischen Held und Dämon kostet Kraft. Wir haben uns angestrengt und sind erschöpft. Sehr wahrscheinlich haben wir es versäumt, den Zukunftstraum genügend auf die Gegenwart anzuwenden, und laufen deshalb dem Leben hinterher. Dann ist es höchste Zeit, unmittelbar am Ziel zu sein – zumindest für eine kurze Weile.

Machen Sie Urlaub am Ziel ihrer Träume! Am besten gleich heute noch, und lassen Sie sich nicht abhalten.

Wenn Ihr Ziel beispielsweise darin besteht, einen Lebenspartner zu finden, dann suchen Sie einen Zustand von »Vertrauen« und beschreiben diesen mit den Worten »sich auf jemand verlassen können«.

Was würde Ihnen dieser Zustand in der nächsten Stunde oder heute abend vermitteln? Was würde Ihnen das Gefühl »sich verlassen zu können« nahebringen? Lassen Sie sich vom Dämon nicht einreden, das gehe nicht, das gebe es nicht, das reiche nicht und so weiter. Ein Stück der Zukunft *geht!*

Wenn ihr großes Ziel die Pensionierung ist, um dann *»endlich tun zu können, was ich will«,* warten Sie nicht. Tun Sie gleich heute etwas von dem, was Sie wollen.

Sagen Sie sich Sätze, die anfangen mit »Ich darf …«, denn »dürfen« ist der Kern des Wortes Bedürfnis. Tun Sie sich etwas Gutes an. Machen Sie einen kleinen Schritt in Richtung auf Ihren Mythos. Genießen Sie die Träume jetzt! So können Sie Kraft tanken.

Zufälle/Schicksal

Vieles von dem, was uns geschieht, erscheint uns »zufällig« oder »unabsichtlich«.

Wir gehen über die Straße, und zufällig fällt der Blick auf diese Frau/diesen Mann. Wir sehen zufällig einen Gegenstand und wollen ihn haben. War es Zufall, oder waren wir bereit? Ist es uns zugefallen, oder haben wir es aufgefangen? Hat das Unbewußte ein Symbol für uns gewählt und will uns auf die Spur des individuellen Mythos bringen?

Was suchen wir darin? Wozu geschieht das?

Manchmal geschehen massive Dinge, und es passiert »alles auf einmal«. Die Ereignisse nehmen ihren Lauf, und wir können sie nicht aufhalten.

Mir fällt ein Mann ein, ein wohlhabender Unternehmer um die sechzig Jahre, der von seiner Frau verlassen wurde. Weil er nun allein war, luden ihn seine Freunde nicht mehr ein, denn seine Bekanntschaft bestand nur aus Paaren. Aus Kummer betrank er sich und fuhr betrunken Auto, woraufhin er seinen Führerschein verlor. Weil er sich in dieser Situation nicht auf seine Arbeit konzentrieren konnte, verlor er obendrein einige wichtige Kunden.

»Wenn es kommt, dann kommt es dicke«, sagen wir umgangssprachlich in solchen Situationen. Es gibt eine einfache Erklärung für diese Vorgänge, denn die betroffenen Systeme hängen eng miteinander zusammen. Wenn ein Element umfällt, reißt es andere in einem Dominoeffekt mit.

Den Sinn einer solchen Entwicklung können wir mit einer einfachen Frage entdecken. Ich stellte sie dem Mann.

»Wer werden Sie am Ende dieser schwierigen Entwicklung sein?«
Die Antwort ergab sich aus einer ganzen Reihe einzelner Betrachtungen. Sie lautete zusammengefaßt:

»Jemand, der Menschliches mindestens ebenso wichtig nimmt wie Geschäftliches.«

Am Ende seiner schicksalhaften Entwicklung wird der Mann eine Frau haben, die an ihm und nicht an seinem Geld interessiert ist. Er wird Freunde haben, die ihn und nicht sein Image mögen. Und er wird dem Unternehmen nicht mehr absolute Priorität einräumen. Weil er menschlicher geworden ist.

So ist es in dieser Phase seines Lebens das Schicksal dieses Mannes, vieles Äußere zu verlieren – um etwas Besseres zu finden.

Schwierige Situationen haben durchweg einen tieferen Sinn, und anstatt die Menschen oder uns selbst zu bemitleiden, können wir die Chance im Ereignis sehen. Fast immer ist sie auf die eine oder andere Weise mit dem individuellen Mythos verknüpft.

So auch im folgenden Beispiel: Eine Frau liebt zwei Männer. Sie wird von beiden massiv unter Druck gesetzt, denn jeder will, daß sie sich für ihn entscheidet. In dieser Lage kann es keine leichte Lösung geben. Um den Sinn dieser Situation zu begreifen, stelle ich ihr die gleiche Frage.

»Wer werden Sie am Ende der Entwicklung sein?«

»Eine Frau, die sich zu ihrer Wahrheit und ihren Bedürfnissen bekennt, anstatt sich den Männern anzupassen.«

Möglicherweise wird sie auf dem Weg zu dieser »Selbstbestimmtheit« einen oder beide Männer verlieren. Doch das ist unwichtig, denn Selbstbestimmung ist ein wichtigeres Ziel. Und wahrscheinlich wird ein weiter und hoffentlich noch konfliktreicher Weg vor der Frau liegen.

Denn wie anders als durch Konflikte sollte sie lernen, zu sich und ihren Gefühlen zu stehen? Sie braucht diese Herausforderung, die Zweifel, das Leid. Es ist an diesem Punkt ihr Schicksal, zwei Männer zu lieben.

Das Schicksal führt uns manchmal auf den Weg zum individuellen Mythos, auch wenn das gegen unseren eigenen Willen geschieht.

Ein Mann fuhr in völlig übermüdetem Zustand einen Radfahrer an, der kurz darauf starb. Der Mann kam ins Gefängnis. Dies war ein schwerer Schlag für die Familie, denn nun fiel der Geldverdiener aus, und die Familie stieg sozial ab. Doch er erlebte etwas sehr Positives.

»Nach ein paar Monaten war mir klar, daß es sich bei dem Unfall nicht um ein Versehen gehandelt hatte. Ich war einfach zu sehr auf der Jagd nach dem Geld. Ich wurde rücksichtslos und bin dementsprechend Auto gefahren. Irgendwie war ich auf einem Trip und habe vergessen, wofür ich das alles eigentlich machte. Seitdem mir das klar wird, ist die Beziehung zu meiner Frau wieder intensiver und liebevoller geworden. Es hat wohl so kommen müssen.«

Dieser Mann ist durch sein Schicksal »Der Besonnene« geworden, ein Mensch, der sich darauf besinnt, wozu er was tut. Dadurch gewinnt sein Schicksal eine positive Bedeutung, und er kann es annehmen.

Der Weg, ein sogenanntes Schicksal zu meistern, besteht zumeist darin, es anzunehmen. Denn nur, wer sein Schicksal annimmt, kann sich mit ihm auseinandersetzen. Auch das gehört zu den Heldentaten.

Erkrankungen

In einem meiner Seminare erzählte ein Teilnehmer von einer schweren Grippe, die ihn für drei Wochen ans Bett fesselte. Obwohl die Krankheit heftig war, wunderte er sich darüber, *»wie gut es mir dabei ging. Ich war innerlich ganz ruhig und habe diese Zeit trotz der körperlichen Strapazen eigentlich sehr genossen.«*

Nachdem dies gesagt war, sprachen vier weitere Teilnehmer, die von dem Erlebnis angetan waren, von ihrer Sehnsucht danach, einmal längere Zeit krank zu werden und so aus der Alltagsroutine auszusteigen.

127

Auch Krankheit kann auf einem Traum beruhen. Der individuelle Mythos setzt sich auf seinen eigenen Wegen durch.

Dies erfahren auch Menschen, die sich nicht im mindesten mit inneren Zielen befassen. Kernwunsch, individueller Mythos, innere Ziele – das sind Fremdwörter, die sie nicht interessieren und um die sie sich nicht scheren.

Sie versuchen statt dessen – gnadenlos anderen und erbarmungslos sich selbst gegenüber –, unter allen Umständen und mit Gewalt ein bestimmtes äußeres Symbol zu verwirklichen.

Solche Menschen können erfahren, daß der individuelle Mythos körperliche Symptome produzieren kann, mit deren Unterstützung er sich von der Fixierung auf Ausgangssymbole löst und auf innere Ziele hinlenkt. In der Krankheit erfüllt sich dann »der Traum des Körpers«.

So hilft beispielsweise ein Schmerz, der aufgrund von Überlastung eintritt, dabei, rücksichtsvoller mit sich umzugehen. Rät man solch einem Menschen: »*Schone dich!*«, dann wird er wütend und schimpft auf »*die lästigen Nackenschmerzen*« oder die »*grausamen Gliederschmerzen*«. Ganz sicher stört der Schmerz das Symbol »*Leistung*«. Doch ebenso sicher unterstützt er die gesuchte Qualität »Entspannung« – und das ganz unabhängig davon, ob es dem Betreffenden paßt oder nicht.

Denn wozu schuftet der Mensch so viel? Damit er es *später einmal gut hat.* Der Schmerz zwingt ihn dazu, es sich *jetzt gleich gutgehen zu lassen,* sich zu schonen, und nicht erst später. So wird ein Stück des Zukunftstraumes gleich jetzt realisiert.

Ich denke in diesem Zusammenhang an eine Frau mittleren Alters, die durch eine schwere Herzoperation völlig aus der Bahn geworfen worden war. Die Frau hatte in sehr auf Symbole fixierten Kreisen gelebt. Hübsch sein, gut gelaunt sein, erfolgreich sein waren die Werte ihrer Umgebung.

Durch die große Operationsnarbe, ihre eingeschränkte körperliche Leistungsfähigkeit und den Schock der Veränderung, wurde die Frau aus ihrer äußerlichen Fixierung gerissen und nach innen geworfen. In den auf die Operation folgenden Monaten wurde ihr allmählich die ganze Anstrengung bewußt, die ihr außenorientiertes Leben erfordert hatte, und sie begann ihr Schicksal in einem anderen Licht zu sehen. Sie sagte:

»Es ist nicht leicht, wenn plötzlich die ganze Fassade wegfällt, aber manchmal glaube ich, daß mein Leben dadurch besser wird.«

Es wird besser, weil sie beginnt, sich am individuellen Mythos zu orientieren, statt an anderen Menschen. Träumt das Herz von Wichtigerem als von Anerkennung? Hat der individuelle Mythos die Herzerkrankung herbeigeführt? Wir wissen es nicht, aber wir sehen die Ergebnisse, und diese entsprechen ihm.

Ein Großteil der psychosomatischen Erkrankungen unserer Zeit entsteht allem Anschein nach aus dem Regulationsmechanismus, der eintritt, wenn wir einseitig leben und uns zu sehr nach außen orientieren. Die Krankheit bringt die andere, die innere Seite hervor. Dann geht es nicht mehr um *haben* und *erreichen,* sondern um *ruhen, lassen und heilen.*

Auf diese Weise können sogar Krankheiten oder auch Unfälle dem individuellen Mythos zum Durchbruch verhelfen. Sie verändern unser Leben, wenn wir es anders nicht tun können. Natürlich wird solch eine quasi erzwungene Veränderung als Schock erlebt. Wir sind ja nicht freiwillig in die Situation geraten, sondern »gegen unseren Willen«. Aber vielleicht haben wir diesen Zwang gebraucht!

Wenn wir uns in solchen Situationen Fragen stellen wie »Wozu ist es gut? Welcher Teil von mir braucht diese Entwicklung? Wohin führen die Ereignisse mich?«, dann zeigt sich der tiefere Sinn dieser Ereignisse.

Menschen begegnen

In anderen Menschen begegnen wir vielfältigen Fähigkeiten und Eigenschaften. Wenn es sich dabei um etwas handelt, das wir selbst suchen, wird der andere zum Helden, und wir glorifizieren ihn. Wenn es aber etwas ist, das wir an uns nicht mögen, dann wird er zum personifizierten Dämon, und wir verachten ihn. So begegnet uns in anderen Menschen, wonach wir im Inneren suchen oder wovor wir davonlaufen wollen.

Beispielsweise mögen wir es nicht, kritisiert zu werden. Allerdings trifft uns Kritik dort, wo wir ein Problem mit uns selbst haben. Im Grunde genommen sprechen die anderen dann unsere eigene Kritik, unsere eigenen Zweifel oder Sorgen aus, und wir mögen es nicht, daran erinnert zu werden.

Andere Menschen gehören zu den größten Herausforderungen, an denen wir lernen können. Dabei ist es egal, ob es sich um Freunde oder Feinde handelt.

Freunde können uns stärken, und in der Auseinandersetzung mit Feinden können wir uns bewähren und lernen, zu uns zu stehen. Gelingt das, dann werden wir den Feinden sogar dankbar sein, denn sie haben uns bei unserer Selbstfindung geholfen.

So brauchen wir andere – als Unterstützung oder als Herausforderung.

Der Welt begegnen

Die Welt stellt ebenso wie andere Menschen eine Erfahrungsebene unseres Selbst dar.

In der Umgebung sehen wir vorwiegend, was durch unseren Wahrnehmungsschleier, also unsere Lebenshaltung, sichtbar wird. Leben wir beispielsweise in einer inneren Welt der Niedergeschlagenheit, nehmen wir auch außen vor allem das Graue und Düstere wahr. Ist die innere Atmosphäre Zuversicht, dann entdecken wir Chancen und Möglichkeiten um uns herum.

Auch in der Welt begegnen wir uns selbst. Ich traf einen Mann, der sich sehr an der emotionalen Art seiner Frau störte. Er meinte, er wäre »nicht so gefühlsbetont« wie sie. Im Laufe unseres Gespräches beklagte er sich dann über die Zerstörung der Umwelt, über den Haß und die Aggression unter den Menschen, über Kriege und Hunger. Er sagte: *»Das ist doch eine traurige Welt, oder nicht?«*

Und dieser Mann glaubte, nicht gefühlsbetont zu sein! Da er aber Gefühle an sich selbst nicht wahrnehmen und an seiner Frau nicht annehmen konnte, fand er sie in der Welt. Er entschloß sich, bei einer Hilfsorganisation einzusteigen, und merkte nicht, daß er auf diese Weise Gefühle lebte.

Wie ist Ihre Welt? Was suchen Sie darin? Wo wenden Sie sich hin, und wovon wenden Sie sich ab? Wie suchen Sie, Ihren individuellen Mythos auf diese Weise zu erfüllen?

Das letzte Abenteuer –
Sterben und der Tod

Die Beispiele der letzten Seiten zeigen: Der individuelle Mythos organisiert unser Leben in einem erstaunlichen Ausmaß. Wir können ihm nicht entkommen, und wenn wir den Kontakt mit ihm vermeiden, zwingt er uns manchmal Entwicklungen auf, die dann doch in seine Richtung führen.

**Dem individuellen Mythos
sind wir tatsächlich ausgeliefert.
Und das ist gut so,
denn so sind wir uns selbst ausgeliefert,
dem Teil von uns, der weiß,
wohin unser Leben gehen soll
und wie Erfüllung zu erreichen ist.**

So wandern wir zwischen innen und außen, zwischen Symbolen und ersehnten Zuständen auf der Suche nach Glück durch das Leben. Und im Laufe der Zeit wird allmählich deutlicher, worum es geht.

Dieses wirkliche Ziel wird dann besonders deutlich, wenn Menschen erfahren, daß sie in absehbarer Zeit sterben werden. Natürlich kann jeder in jedem Augenblick sterben, aber diese Möglichkeit kommt in unserem Bewußtsein kaum vor. Wir sind davon überzeugt, noch eine ganze Weile zu leben. Man kann getrost sagen: In bezug auf unseren Tod schlafen wir. Wenn dann der Tod anklopft, werden wir wach.

Die Aussicht zu sterben, stellt direkten Kontakt mit dem individuellen Mythos her. Wir realisieren, daß nur noch wenig Zeit bleibt, und zugleich tritt damit die Wichtigkeit der gesuchten Lebensqualität hervor. Menschen, die um ihren nahen Tod wissen, stellen sich Fragen, die lange Zeit keine Rolle spielten.

- Wofür lebe ich?
- Was muß ich noch erleben, um in Frieden sterben zu können?
- Welches Erleben versöhnt mich mit dem Tod?

Ich erinnere mich in diesem Zusammenhang an eine etwa fünfundvierzigjährige Frau, die nach unserer letzten Begegnung nur noch zwei Monate lebte. Sie sagte:

»Das Schlimmste daran ist, daß ich jetzt schon gehen muß, ohne jemals ganz dagewesen zu sein.«

Diese Frau hatte ihr Leben nach dem Muster »später einmal kann ich ja …, jetzt will ich erst mal …« ausgerichtet, und nun war es fast zu spät.

Eine Möglichkeit, mit Sterbenden umzugehen, ist, ihnen zu helfen, in der verbleibenden Zeit das zu erleben, was sie noch erleben müssen, um in Frieden sterben zu können. Es geht quasi darum, den individuellen Mythos direkt, ohne Umwege zu verwirklichen.

Es scheint so, daß wir angesichts des Endes eine Abkürzung zum individuellen Mythos finden. Symbole verlieren an Bedeutung, und Erlebensqualität wird wichtiger. Plötzlich sind Besitz, Titel, Ansehen, Anerkennung und Erfolg uninteressant. Das *Haben* muß dem *Sein* weichen. Ängste verlieren an Bedeutung. Wir werden bereit, Grenzen zu überschreiten, vor denen wir bisher stehenblieben. Was kümmert uns angesichts des Todes die Meinung anderer? Was bedeuten Image, Ansehen, Anerkennung dann noch? Was soll das Haus? Das Geld? Der Ruhm?

Der nahe Tod erinnert daran, wofür wir leben. Zu einer solchen Erinnerung gibt der moderne Alltag zwar selten Gelegenheit, aber man kann sich diese Erinnerung verschaffen. Ich tue es seit fünfzehn Jahren einmal jährlich, wenn ich im Rahmen eines unserer Seminare ein zweitägiges Sterberitual durchführe.

Während die Teilnehmer Schritt für Schritt vom Leben Abschied nehmen, wird deutlich, wofür es sich zu leben lohnt. Und fast immer sind es die einfachen Dinge, die in solchen Momenten in den Vordergrund treten und an Bedeutung gewinnen. Menschen, die Liebe, die Natur. Sich spüren. Den Wind einatmen. Die Sonne fühlen. Jemanden anlächeln. Weinen. Spüren, was Leben und Lebendigsein bedeuten.

Die Gegenwart des Lebens wahrnehmen –
welch ein Geschenk.
Lebendig sein – welch eine Freude.

Die im Sterberitual gesuchte Konfrontation mit dem Ende ist nicht belastend, sondern es ist im Gegenteil befreiend, daran erinnert zu werden, daß dieses Leben endlich ist. Es hilft dabei, die wichtigen Dinge im Auge zu behalten und den Ballast abzuwerfen.

Natürlich gibt es andere Möglichkeiten, sich zu erinnern. Eine Frau verriet mir ihr persönliches Rezept gegen Angst und für Authentizität. Sie sagte:

»Wenn ich eine wichtige Entscheidung zu treffen habe, stelle ich mir vor, sechzig Jahre alt zu sein. Dann schaue ich auf mein Leben zurück. Ich sehe, was wichtig für mich war, und stelle mir vor, ich hätte es nicht gemacht. Wenn diese Vorstellung unangenehm ist, wenn ich es mit sechzig bereue, dann tue ich es. Das hilft mir über die Angst.«

Es ist die Angst, unsere Lebensträume zu verwirklichen, die uns vom Leben abhalten kann. Vielleicht reichte es »früher«, in der Vergangenheit aus, für den gesellschaftlichen Mythos zu leben. Vielleicht reichte es aus, den Zielen zu folgen, die alle hatten. Überleben, angesehen sein, reich sein, Macht haben.

Heute jedoch gibt vor allem sein eigener Traum dem Leben eines Menschen Sinn und Richtung.

Heute können wir eine im Vergleich zu »damals« ganz erstaunliche Feststellung machen. Wir können jedes äußere Symbol fallen lassen, und das hat wenig Auswirkungen auf unser Leben. Aber wenn wir den Traum hinter dem Traum aufgeben, wenn wir auf die Qualität hinter dem Symbol verzichten, wenn wir also den individuellen Mythos verraten, schränken wir etwas sehr Wichtiges ein oder verlieren es sogar – die Lust am Leben.

Sinnlosigkeit und Orientierungslosigkeit sind Namen für diesen Zustand des Erstorbenseins, in dem die Lebenskraft geknickt, erstickt oder gebrochen wird. Menschen erleben solche Zustände, wenn sie sich über lange Zeiträume hinweg mit etwas abfinden, etwas aushalten oder an etwas anpassen, das ihnen nicht entspricht. Wenn sie nicht den Mut finden, Helden ihres Lebens zu sein.

Doch es ist möglich, unser Leben in die Hand zu nehmen, oder besser gesagt: es in die Hand unseres individuellen Mythos zu geben, indem wir Helden unseres Lebens werden. Der Lohn sind Lebendigkeit und die Kraft in unserem Herzen.

So könnte ich am Ende dieses Buches seine Botschaft in einigen Worten zusammenfassen:

Was wir suchen, können wir nicht einfach »bekommen«.
Bekommen und haben können wir nur äußerliche Dinge.
Was wir tief innen suchen, müssen wir erschaffen.
Und weil diese Aufgabe zu groß für uns ist,
müssen wir sie jemand anderem überlassen –
dem Helden in uns,
der Botschafter des individuellen Mythos ist.

Wer so gelebt hat, geht auch auf das letzte Abenteuer mit Spannung zu – den Tod. Wie wird er sein? Was mag dann kommen?

Michael Mary lebt und arbeitet östlich von Hamburg. In seinem Institut, das er zusammen mit seiner Partnerin Henny Nordholt betreibt, bietet er Einzel- und Partnerberatung, Begleitung und Seminare, unter anderem auch zu Themen des individuellen Mythos, an.

Seine Adresse lautet:
Michael Mary
Testorfer Straße 2
D 19246 Schadeland
Tel./Fax 03 88 51/8 03 37

Weitere Bücher von Michael Mary:
– Selbsttherapie, Kreuz Verlag
– Change, Kreuz Verlag
– Schluß mit dem Beziehungskrampf, Kreuz Verlag/TB Knaur
– Wirklich lieben, mvg-Verlag

Die Deutsche Bibliothek – CIP-Einheitsaufnahme

Mary, Michael:
Wie Lebensträume wahr werden: Finde, was dich glücklich macht – egal, was die anderen dazu sagen /
Michael Mary. – Stuttgart: Kreuz, 1996
  ISBN 3-7831-1483-7

1 2 3 4 5   00 99 98 97 96

© by Dieter Breitsohl AG
Literarische Agentur Zürich 1996
Alle deutschsprachigen Rechte beim Kreuz Verlag Stuttgart
Postfach 80 06 69, 70506 Stuttgart, Tel. 07 11-78 80 30
Umschlaggestaltung: Jürgen Reichert, Stuttgart
Umschlagfoto: The Image Bank/Kaz Mori
Satz: Werbeatelier Kranzbühler, Albstadt-Lautlingen
Druck und Bindung: J. Ebner Ulm
ISBN 3-7831-1483-7

Veränderung bedeutet Entwicklung

Wem es gelingt, seine Konflikte wohlwollend aufzunehmen, der gewinnt individuelle Stärke aus sich selbst: Wir sind fähig, unser eigener Therapeut zu sein, wenn wir anerkennen, daß ein Teil unseres Wesens Veränderung ist und nur derjenige sich treu bleibt, der so mutig ist, die Wechselfälle des Lebens als positive Impulse zur persönlichen Entwicklung zu verstehen.

Michael Mary und
Henny Nordholt
Change
Lust auf Veränderung
180 Seiten, Paperback

Entdecken Sie den Therapeuten in sich:

Wer aufmerksam mit sich selbst umgeht und ein bißchen Neugier mitbringt, der ist schon auf dem besten Wege, sein eigener Therapeut zu werden. Alles, was uns begegnet, gerade auch Unerwartetes und auf den ersten Blick Schmerzhaftes, ist ein Hinweis darauf, was wir zu unserem Wohl lernen und ändern sollten.

Michael Mary /
Henny Nordholt
Selbsttherapie
Sein eigener
Therapeut sein
260 Seiten, Paperback

KREUZ : Was Menschen bewegt.